Klaus Hirsch
Karate – kinderleicht erklärt

Klaus Hirsch

KARATE
kinderleicht erklärt

Illustrationen
Bernd Wiedemann

GLOOR Verlag

5 6 7 8   15 14 13 12

ISBN 978-3-938037-11-9
5. neubearbeitete Auflage
Alle Rechte vorbehalten
© Gloor Verlag 2006
www.karate-kids.de
Gestaltung: Birgit Feigl
Lektorat: Karin Windorfer
Zeichnungen: Bernd Wiedemann (www.buchillustration.de)
Gesamtherstellung: Auer Buch + Medien GmbH, Donauwörth
Printed in Germany

3. Kapitel
Wichtige Begriffe

4. Kapitel
Die Ausrüstung

5. Kapitel
Stehen und Gehen
Sicher stehen

Sicher gehen

Vorwort

Bewegung ist für die Entwicklung unserer Kinder unverzichtbar. Sie ist Ausdruck von Vitalität, von kindlicher Neugier und Lebensfreude. Durch die Bewegung bringen sie Ihre Entwicklung voran; an ihren Bewegungen ist auch abzulesen, wie gut es ihnen geht.

Wenn es heute um die Gesundheit von Kindern und Jugendlichen geht, dann stehen Bewegungsmangel und Übergewicht im Vordergrund. In Deutschland ist mittlerweile jedes fünfte Kind und jeder dritte Jugendliche übergewichtig. Hält diese Entwicklung weiter an, wird im Jahr 2030 sogar jedes zweite Kind adipös sein.

Die klassischen Kinderkrankheiten plagen Kinder heutzutage kaum noch. Anstelle von Kinderlähmung, Keuchhusten und Scharlach sind mittlerweile andere Beeinträchtigungen, wie motorische Defizite, ungenügende Fitness und Übergewicht getreten.

Kinder brauchen Bewegung, damit sie sich gesund und leistungsfähig entwickeln. Bewegung ist nicht nur unerlässlich für die körperliche, sondern auch für die kognitive Entwicklung; sie fördert die Lernbereitschaft, die Lernfähigkeit und das psychosoziale Wohlbefinden. Mit ihren Bewegungen erobern und begreifen Kinder die Welt.

Die Gesundheitsinitiative „Deutschland bewegt sich!", eine Kooperation von BARMER, ZDF und BILD am Sonntag hat zum Ziel, die Menschen in Deutschland an gesundheitsfördernde Sportarten heranzuführen und dazu beizutragen, die eigene Gesundheit aktiv und verantwortungsvoll zu gestalten. Die Gesundheit von Kindern und Jugendlichen ist hierbei in den Focus aller Aktivitäten gerückt. Die Weichen für Gesundheit und Wohlbefinden im Alter werden in den frühen Lebensjahren gestellt.

Im Rahmen der „Deutschland bewegt sich! – Städtetour 2005" in München habe ich Klaus Hirsch kennen gelernt und konnte mir ein Bild von seiner beeindruckenden Arbeit mit Kindern und Jugendlichen machen. Karate trägt in hohem Maße dazu bei, die körperliche Fitness von Kindern zu fördern, da bei dieser Sportart Ausdauer, Beweglichkeit, Koordination und Kraft gefördert werden – also alle Funktionen, die für die körperliche Leistungsfähigkeit verantwortlich sind.

Ich wünsche Klaus Hirsch für die Zukunft weiterhin viel Glück und Gesundheit.

Prof. Dr. Eckart Fiedler

Institut für Gesundheitsökonomie und klinische Epidemiologie der Uni Köln (IGKE), ehemaliger Vorstandsvorsitzender der BARMER Ersatzkasse

Eine Geschichte zum Nachdenken

Ein Junge reiste einst quer durch ganz Japan,
um eine Schule eines berühmten Kampfkünstlers
zu besuchen. Als er zum Dojo kam, erhielt er eine
Audienz beim Sensei.
»Was wünscht du?«, fragte der Meister.
»Ich möchte ihr Schüler und der beste Karateka
im ganzen Land werden.«, antwortete der Junge.
»Wie lange muss ich trainieren?«
»Mindestens 10 Jahre«, sagte der Meister.
»Zehn Jahre sind eine lange Zeit", sagte der Junge.
»Was ist, wenn ich doppelt so hart trainiere wie
alle anderen Schüler?«
»20 Jahre«, antwortete der Meister.
»Und wenn ich Tag und Nacht mit all meiner
Kraft übe?«
»30 Jahre«, war die Antwort des Meisters.
»Wie kommt es, dass es um so länger dauert,
je mehr ich mich anstrenge?« fragte der Junge.
»Wenn ein Auge auf das Ziel gerichtet ist, dann
bleibt nur das andere Auge, um den Weg zu finden.«

Verfasser unbekannt

VON EINER FAULEN HAUSKATZE ZUM FLINKEN TIGER!

Du bist immer ein Sieger, ob du nun gewinnst oder nicht. And the winner is …

Bleib fit! Körperbeherrschung und Ausdauer

Wenn du Karate lernst, trainierst du deinen ganzen Körper. Durch das vielseitige Ganzkörpertraining steigt die Beweglichkeit und Kraft deiner Muskeln und du bekommst viel mehr Ausdauer. Und das hilft dir nicht nur beim Sport!

Bleib cool!

Durch die Konzentration auf deinen Körper findest du innere Ruhe und Ausgeglichenheit. Es fällt dir plötzlich viel leichter, dich auch in anderen Bereichen zu konzentrieren, du wirst es sehen!

Im Karate werden Fairness, Rücksicht und Respekt vor dem Partner gefördert. Es gibt keinen ersten Angriff im Karate (»Karate ni sente nashi!«), aber du lernst dich effektiv zu verteidigen.

Genieße das Abenteuer!

Du erhältst Einblicke in eine fremde Kultur, erfährst die geschichtlichen Hintergründe und erweiterst deinen geistigen Horizont.

Karate ist für Groß und Klein geeignet, ein wunderbares Training für jedes Alter, ein toller Sport für die ganze Familie.

Karate ist eine Herausforderung und durch die vielen verschiedenen Gürtelfarben hast du immer wieder ein höheres Ziel.

1. KAPITEL

Die Geschichte des Karate

Karate ist eine Sportart, die es schon sehr lange gibt. Die Menschen mussten sich oft ohne Waffen gegen wilde Tiere, aber auch gegen menschliche Angreifer behaupten. Dadurch wurden sie gezwungen, besondere Techniken zur Verteidigung zu entwickeln.

Die Anfänge des heute auf der ganzen Welt beliebten Karate lassen sich bis nach China zurückverfolgen. Als Entstehungsort der alten chinesischen Kampfkunst ist das buddhistische Kloster »Shaolin« bekannt. Von dort begann seine Verbreitung in alle Kontinente.

Karate ist nicht nur Kampfkunst zur Selbstverteidigung, sondern auch Training für Körper und Geist, beliebt bei Kindern und Erwachsenen in der ganzen Welt.

> *»Karate ist wie heißes Wasser, das abkühlt, wenn du es nicht ständig warm hältst.«*
> *Gichin Funakoshi*

Die Anfänge

Hier beginnt unsere Geschichte im Jahre 523 nach Christus.

Die Legende erzählt:

Wusstest du? Der Himalaja

Der Himalaja, »Wohnsitz des Schnees«, ist das höchste und größte Gebirge der Welt, mit mehr als 30 Gipfeln, die höher als 7600 Meter (das sind über 7 Kilometer!!!) sind. Es erstreckt sich über 2500 km. Der Himalaja gehört zu Indien, Pakistan, Nepal, Bhutan und China. Der höchste Berg ist der Mount Everest mit 8848 Metern, er ist auch der höchste Berg der Welt.

Daruma Taishi

Der indische Mönch Daruma Taishi (auch Bodhidarma genannt) verließ seine Heimat Kanchi Puram im Süden von Indien und reiste nach China, um die Lehre des Buddhismus zu verbreiten. Er unternahm alleine diese gefährliche, lange Reise über den Himalaja, die selbst heutzutage kaum zu bewältigen ist.

Als Daruma Taishi einige Jahre später im Shaolin-Kloster in China in der Provinz Henan ankam, entfachte er dort eine große Begeisterung für hartes Training von Körper und Geist. Die Mönche waren recht schwach. Ihr Tagesablauf bestand aus Betteln und Meditation. Er überzeugte die Mönche, da ihre körperliche Verfassung zu schwach war, neben ihren geistigen Anstrengungen auch den Körper zu stärken. Die Körperübungen stärkten die Mönche und führten sie zu einem neuen Lebensweg. Die Mönche wurden gesünder und kräftiger und konnten sich nun auch wirkungsvoll gegen Feinde und Räuberbanden schützen. So wurde aus gymnastischen Übungen im Laufe der Zeit eine spezielle Kampfkunst zur Selbstverteidigung. Nach einiger Zeit hatten die Shaolin-Mönche den Ruf, die besten Kämpfers Chinas zu sein.

Im Jahre 1647 n. Chr. bat der chinesische Kaiser die Shaolin-Mönche um militärische Hilfe. Ihre Dienste leisteten sie hervorragend, zu hervorragend, wie sich herausstellte. Denn der Kaiser empfand eine so große Gruppe von Menschen mit so außergewöhnlichen Kampfkünsten als Bedrohung und ließ das Kloster zerstören. Die Mönche verstreuten sich in alle Himmelsrichtungen und unterrichteten fortan die Lehre ihrer kämpferischen Fertigkeiten.

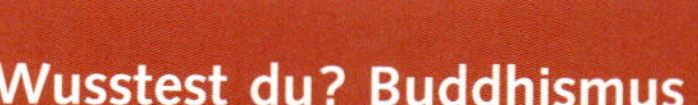

Wusstest du? Buddhismus

Vor etwa 2500 Jahren begründete Siddharta Gautama, der spätere Buddha, diese Weltreligion. Weltweit gibt es über 400 Millionen Buddhisten.

Seit wann gibt es das Shaolin-Kloster?

Das Shaolin-Kloster gab es schon vor Daruma Taishi. Eine Gruppe von jungen Mönchen suchte im 3. Jahrhundert v. Chr. auf dem Berg Songshan Zuflucht vor ihren Verfolgern. Sie errichteten einen Tempel, umgeben von Steinmauern, bepflanzten die Umgebung mit jungen Kiefern und gaben ihm den Namen Shaolin, was übersetzt »junger Wald« heißt.

Karate breitet sich aus

Das Shaolin-Kloster, welches in der Provinz Henan mitten in China liegt, ist immer noch bekannt für seine Kampfkunst. Um das Kloster herum gibt es heute mehr als 50 Kampfsportschulen. Das Shaolin-Kloster betrachtet man als Entstehungsort der alten chinesischen Kampfkünste. Das Kloster wurde oftmals zerstört, aber immer wieder aufgebaut.

Durch den regen Reiseverkehr zwischen China und Okinawa erreichten diese Kampfkünste auch die Ryu-Kyu-Inselgruppe im Pazifik. Diese besteht aus mehr als 160 Inseln mit der Hauptinsel Okinawa.

JAPAN
Ostchinesi-
sches Meer
CHINA
Ryu-Kyu-
Inseln
TAIWAN
OKINAWA

Die Entstehung des heutigen Karates

Okinawa-te

In Okinawa hat das heutige Karate seinen Ursprung. Okinawa war zwischen Japan und China ein wichtiger Handelspunkt, so stand es mal unter japanischen und mal unter chinesischen Einflüssen, war aber bis zum Jahr 1875 ein unabhängiges Königreich.

Im Jahr 1479 gelang es dem damaligen König Sho Shin, nach langen politischen Unruhen und Machtkämpfen, das Land zu vereinigen. Um den inneren Frieden zu sichern, verbot er das Tragen von Waffen.

Der König ließ alle Waffen einsammeln und in sein Schloss nach Shuri bringen. Schließlich gab er Befehl, dass alle Mitglieder des okinawischen Adels sich in seiner Nähe in der damaligen Hauptstadt Shuri niederzulassen hatten.

Als Konsequenz entstanden auf Okinawa zwei Schulen der Selbstverteidigung. Die erste, die waffenlose Kunst des Todes, wurde hauptsächlich vom Adel entwickelt und ausgeübt. Wichtigstes Merkmal war der Einsatz der Hand, insbesondere der geballten Faust. Die Fischer und Bauern hingegen entwickelten Waffensysteme, bei denen Werkzeuge und landwirtschaftliche Geräte (Dreschflegel, Sicheln, Paddel) zu tödlichen Waffen umfunktioniert wurden (genannt Kobudo). Beide Kampftechniken wurden unter strengster Geheimhaltung praktiziert.

**Wusstest du?
Messer strengstens verboten!**

Das Waffenverbot des japanischen Stadthalters nannte man Katanagari (»Jagd nach Schwertern«). Alles, was eine Klinge hatte, war verboten. Jedem Dorf wurde nur ein(!) Küchenmesser zugestanden, das, streng bewacht, mit einem Seil am Dorfbrunnen (oder an einer anderen zentralen Stelle) befestigt wurde. Wer das Messer brauchte, musste es sich ausleihen und wieder zurückbringen.

1609 besetzte der japanische Satsuma-Clan die Insel, Okinawa verlor seine Unabhängigkeit. Das allgemeine Waffenverbot wurde erweitert und schwere Strafen angedroht. Zu jener Zeit fanden die Kampfkünste Okinawas als reine Form der Selbstverteidigung enormen Aufschwung. Verschiedene Gemeinschaften schlossen sich zusammen. So entstand neben vielen geheimen Kampfkünsten das Karate, welches aber zunächst Okinawa-te (Okinawa-Hände) hieß. Es wurde nur an geheimen Orten im Verborgenen geübt.

Das Waffenverbot zur Sicherung des inneren Friedens im Lande wurde zur damaligen Zeit von vielen Königen und Herrschern immer wieder ausgesprochen. So wurde die Selbstverteidigung mit bloßen Händen immer wichtiger.

Gichin Funakoshi (1868 – 1957), der Vater des modernen Karate-Do

Es gibt viele Legenden und Erzählungen über die Geschichte dieser Selbstverteidigungskunst. Eine der ersten vollständigen Aufzeichnungen ist Meister Gichin Funakoshis Buch »Karate-do – Mein Lebensweg«. Einige Meister des Okinawa-te bereisten China, um weitere Erfahrungen für ihre Fertigkeiten zu sammeln, dann kehrten sie zurück und gaben ihr Wissen an ihre Familien weiter. Einer brach diese Tradition am Anfang des 20. Jahrhunderts und reiste statt nach China nach Japan: Es war Gichin Funakoshi.

Wusstest du?
Woher kommt der Name Shotokan?

Gichin Funakoshi schrieb nebenbei Gedichte unter dem Namen »Shoto« (Shoto bedeutet »das Rauschen der Kiefernwipfel«). Sein Dojo (Dojo bedeutet Übungsstätte) wurde 1939 nach seinem Künstlernamen »Shotokan« (»Kan« bedeutet Halle) genannt. So trägt das Karate des Gichin Funakoshi noch heute den Namen »Shotokan-Karate«.

Gichin Funakoshi wurde am 24. April 1868 auf Okinawa geboren. Er war als Kind eher klein und kränklich. Um dies zu ändern, fing er an Karate bei den zwei berühmtesten Meistern seiner Zeit zu lernen, Azato und Itosu. Es war für ihn eine harte Zeit mit vielen Entbehrungen. Aber er lernte den Wert einer Freundschaft kennen, die ihn bis zu seinem Lebensende mit seinen Lehrern verband.

Als Erwachsener verdiente er sich sein Geld lange als Grundschullehrer. Funakoshi war ein sehr friedliebender Mensch. Eine Geschichte über ihn erzählt zum Beispiel, dass er einmal freiwillig Dieben den Kuchen gab, den er als Opfergabe für seine Ahnen vorgesehen hatte. Dies tat er, obwohl er den Männern haushoch überlegen war.

Kara-te

Nach einer Karatevorführung 1922 auf Okinawa, wurde Gichin Funakoshi auf Wunsch des damaligen Kronprinzen Hirohito nach Japan eingeladen, um Karate vorzustellen. Nach der Vorführung wollte er eigentlich wieder nach Okinawa zurück, blieb aber dann doch auf vielfachen Wunsch in Japan. Er reiste durch das ganze Land, um Vorträge zu halten und Vorführungen zu geben. Er unterrichtete Okinawa-te

und machte mit Erfolg auf diese Kampfkunst aufmerksam. Okinawa-te wurde für die Erziehung anerkannt und an den Schulen als Sport gelehrt.

Er bildete viele Schüler aus und legte immer Wert auf die Selbstentwicklung jedes Einzelnen. Damals wurde zum ersten Mal der Name Kara-te (leere Hand) erwähnt und unter diesem Namen verbreitete sich diese Kunst sehr schnell.

Im Laufe der Zeit entwickelte sich Karate von einer traditionellen Kampfkunst zu einem modernen Kampfsport.

Nach dem 2. Weltkrieg begannen einige Schüler Funakoshis eigene Wege zu gehen. Masathoshi Nakayama und Hidetaka Nishiyama gründeten 1949 die Japan Karate Association (JKA), mit Funakoshi als Chefausbilder. Außerdem entwickelten sie ein Wettkampfsystem.

1957 wurde Karate in Deutschland eingeführt und verbreitete sich dort sehr schnell. So schlossen sich 1960 die ersten Vereine zum Deutschen Karate Bund (DKB) zusammen.

Seit 1970 werden jedes Jahr offizielle Weltmeisterschaften ausgetragen.

Der Deutsche Karate Verband (DKV) wurde 1976 gegründet und 1993 der Deutsche JKA-Karate Bund (DJKB).

Große Meister der Vergangenheit und Gegenwart

Gichin Funakoshi (1868 – 1957)
Gründer des modernen Karate auf Okinawa.
Er verbreitete Karate als Schulsport in Japan.

Masathoshi Nakayama (geb. 1913 in Tokio – 1987)
Träger des 10. Dan.
Sein Karatestudium begann er 1931 unter Gichin Funakoshi. Nach dem Examen an der Takushoku Universität ging er 1937 nach Peking. Er wollte Karate in einen Wettkampfsport verwandeln und weltweit verbreiten. Daher gründete er 1949 mit anderen gemeinsam die JKA (Japan Karate Association), eine der mittlerweile größten Karate-Vereinigungen der ganzen Welt. 1955 berief man ihn zu deren Chefausbilder.

Hidetaka Nishiyama (geb. 1928 in Tokio)
Seit 1.11.2003 Träger des 10. Dan.
Japanischer Karatemeister.
Er begann sein Karatestudium 1943 ebenfalls unter Gichin Funakoshi. Später studierte er an der Takushoku Universität Wirtschaftslehre und wurde einer der Mitbegründer der JKA zusammen mit Masathoshi Nakayama und Obata Isao, der er zeitweise als Cheftrainer vorstand. Er schuf erste Regeln für den Wettkampf im Karate.
1960 wanderte er nach Amerika aus und hat sein »Dojo« in Los Angeles.

Hideo Ochi (geb. 1940)
Träger des 8. Dan.
Japanischer Karatelehrer, der von 1970 bis 1976
Bundestrainer im DKB (Deutscher Karate Bund)
und nach Gründung des DKV 1976 (Deutscher
Karate Verband) Nationaltrainer des DKV war.
1993 gründete er seinen eigenen Verband, den
Deutschen JKA Karate Bund (DJKB).

Koichi Sugimura (geb. 1940)
Träger des 7. Dan.
Karate-Instruktor der Japan Karate Association (JKA),
von 1966–1970 war er als Karatelehrer an der Uni-
versität Freiburg tätig. Seit 1971 lebt er in Zürich
und unterrichtet dort. Lange Zeit war er erfolgrei-
cher Trainer der Schweizer Karate-Nationalmann-
schaft.

Efthimios Karamitsos wurde 1956 in Griechenland
geboren und ist Träger des 6. Dan.
1975 begann er in Italien mit Karate und kam 1977
nach Deutschland. Er studierte Sportwissenschaften
in Frankfurt/Main. Er war 2-mal WM-Dritter, 6-mal
Europameister und 8-mal Deutscher Meister im
Kata-Einzel. Seit 1992 ist er Bundestrainer des
Deutschen Karate Verbandes e.V. (DKV) in Frank-
furt und hat auch dort seit 1996 sein eigenes Dojo.

2. KAPITEL

Karate: Bedeutung und Trainingsbereiche

Was ist Karate?

Die Bedeutung des Wortes Kara-te:

Selbstverteidigung mit »leeren« Händen

Kara-te besteht aus den Silben:

Kara (= leer) und **Te** (= Hand), bedeutet also »mit leerer Hand«

»**Karate-Do**«, was man aber viel seltener hört, bedeutet daher: »der Weg der leeren Hand«.
Do (= Weg)

Kara 空

Te 手

Do 道

Karate ist seit vielen Jahrhunderten eine waffenlose Kampfkunst zur Selbstvereidigung und ein äußerst effektives Fitnesstraining.

Im Karatetraining verwendet man kraftvolle Stöße, Schläge und Tritte, die vor dem Ziel aber gestoppt werden. Das heißt, dass du deinen Gegner nicht triffst. Die Bewegung wird vorher gestoppt.

Damit jeder erkennen kann, wie weit du es im Karate schon geschafft hast, wird deine Leistung durch farbige Gürtel gekennzeichnet.

Karate als Ganzkörpertraining

Du wirst staunen, was du alles trainieren kannst, dein ganzer Körper ist dabei im Einsatz.

Du lernst, dich besser zu konzentrieren, dein Selbstbewusstsein wird gestärkt, Kraft und Ausdauer werden trainiert.

Im Laufe der Zeit entwickelst du eine Geschicklichkeit und Schnelligkeit, die du vorher nicht kanntest.

Im Training und im Wettkampf werden Achtung, Fairness, Rücksicht und Respekt vor dem Partner gefordert, mehr als bei jedem anderen Sport.

Konzentration

Damit du dir das Aneinanderreihen der verschiedenen Karatetechniken merken kannst, musst du dich konzentrieren. Die Bewegungen werden exakt ausgeführt, eine echte Herausforderung für deine Konzentration.

Kondition

Du trainierst auch deine Ausdauer, damit du in Zukunft nicht so schnell aus der Puste kommst. Durch die Aufwärmübungen und das Wiederholen der Karatetechniken wird deine Kondition immer besser.

Flexibilität

Das ist die Beweglichkeit deines Körpers, sie ist zwischen dem 11. und dem 14. Lebensjahr am höchsten. Zu einem richtigen Karatetraining gehören daher auch immer Lockerungs- und Dehnübungen, damit die Muskeln, Gelenke und Sehnen beweglich werden und bleiben.

Koordination

Koordination heißt, dass das Gehirn und die Muskulatur optimal aufeinander abgestimmt sind.

Wenn du z. B. umzufallen drohst, gibt das Gehirn an die notwendigen Muskeln Befehle. Bestimmte Bewegungen vermeiden dann den Sturz.

Kraftaufbau

Durch regelmäßige Kräftigungsübungen wird die
Muskulatur gestärkt, dadurch stabilisieren sich
deine Gelenke und Bänder und machen sie so
widerstandsfähiger gegen Belastungen.

Schnelligkeit / Reaktionsfähigkeit

Durch das Üben der Techniken bekommst du mit der
Zeit die Fähigkeit, die Techniken in hoher Geschwin-
digkeit auszuführen. Das bedeutet für dein tägliches
Leben, dass deine Reaktionsfähigkeit immer besser
wird.

Aufmerksamkeit / Wachsamkeit

Durch ein richtiges Karatetraining wird deine Auf-
merksamkeit geschult. Um die Anweisungen deines
Trainers umsetzen zu können und um beim Partner-
training deinen Partner nicht zu verletzen, musst
du aufmerksam und wachsam sein. So bist du in der
Lage, Gefahrensituationen und plötzliche Verände-
rungen, z. B. im Straßenverkehr, schneller und frü-
her zu erkennen und dementsprechend zu handeln.

> Willst du etwas Großes erreichen, darfst du nicht
> vergessen, den kleinen Dingen Aufmerksamkeit zu
> schenken. Denn aus der Anhäufung von kleinen
> Dingen erwächst das Große.
>
> *Ninomya Sontohu*

Was macht man in Karate?

Das Training besteht aus 3 Bereichen: Kihon, Kata und Kumite.

Kihon (Grundschule)

In der Grundschule lernst du als Anfänger zunächst die Grundtechniken, die aus zahlreichen Abwehr- und Angriffstechniken bestehen.

Wichtig sind: korrekter Stand
Gleichgewicht
Koordination
richtige Atmung
Zielgenauigkeit

Die Grundschule kannst du mit den Grundrechenarten und dem ABC in der Grundschule vergleichen. Das heißt, wenn du z. B. das 1x1 nicht richtig gelernt hast, wirst du später bei Rechenaufgaben immer Schwierigkeiten haben.

Ganze drei Jahre wurde bei den alten Meistern als Minimum angesehen, eine Kata zu üben, bevor eine neue erlernt werden durfte. Gichin Funakoshi musste sogar 10 Jahre lang die Kata »Tekki« trainieren, bis sein Meister zufrieden war.

Kata (stilisierte Form des Kampfes)

Das ist ein festgelegter Ablauf von Techniken aus dem Bereich der Grundschule Kihon. Es gibt 27 verschiedene Katas. Eine Kata besteht aus einer genau festgelegten Reihenfolge von Grundtechniken (Angriffs- und Abwehrtechniken), wobei es hier viele interessante Drehungen und Richtungswechsel gibt. Somit ist die Kata ein ganz wichtiges Element des Karates.

Je nach Gürtelfarbe werden die Katas länger und
schwieriger, aber auch interessanter.

Die erste Kata heißt z. B. Heian
Shodan, hier werden 21 Techniken
aneinandergereiht. Der Ablauf
dauert ca. 25 Sekunden.

Anfangs wird die Kata langsam ein-
geübt und erlangt nach vielem Üben
immer mehr an Dynamik und
Schnelligkeit und auch an Rhythmus.

Je nachdem, wie gut du deine Techni-
ken beherrschst und wie schnell du bist, bringst
du bei einer Kata deine eigene Persönlichkeit zum
Ausdruck.

Deine Koordination und Konzentration wird durch
das Erlernen und Üben der Katas gesteigert.

Kumite (Partnerübungen)

Im Kumite lernen wir die Anwendung der Techni-
ken, die wir in der Grundschule gelernt haben, zu-
sammen mit einem Partner zu üben.

Wir treffen jedoch unseren Partner nicht. Das heißt,
wir müssen in der Lage sein, unsere Karatetechnik
kurz vor dem Ziel zu stoppen. Dies erfordert ein
hohes Maß an Körperbeherrschung, die du im Laufe
der Zeit bekommst.

Achtung, Respekt und Rücksichtnahme sind besonders beim Partnertraining ganz wichtig. Auch im Kumite gibt es je nach Gürtelfarbe festgelegte Partnerübungen (Kumiteformen), die je nach Können bis zum freien Kampf führen.

Freier Kampf:
Der freie Kampf ist die höchste Form des Kumite. Hier kannst du alle Techniken anwenden, es gibt keine vorgeschriebene und festgelegte Reihenfolge. Es gibt aber strenge Regeln, um den anderen nicht zu verletzten.

Karate beginnt mit Respekt und endet mit Respekt!

Asiatische Weisheit:
»Keine Straße ist lang, mit einem Freund an der Seite.«

3. KAPITEL

Wichtige Begriffe

Do – der Weg

Do ist der »Weg«, den ein Karateka geht. Es ist der »Weg« zu lernen, sich eine Aufgabe zu stellen und an ihr zu arbeiten.

Es ist das Ziel, eine Technik so auszuführen, dass sie anwendbar und nutzbar ist, eine Sache, die viel Zeit und Übung erfordert. Hier beginnt der Weg, das eigentliche Do.

> Eine chinesische Weisheit:
> *»Fürchte dich nicht vor dem Langsamgehen, aber hüte dich davor, stehen zu bleiben.«*

Früher sagte man Karate-Do, mit der Zeit ließ man das »Do« weg, welches jedoch im Judo, Aikido oder Taekwondo noch mitbetont wird.

Dojo – die Übungsstätte

»Dojo« ist Japanisch und so heißt der Raum, in dem wir Karate trainieren. Heute sagt man auch, die Schule oder der Verein, in dem wir Karate üben.

Wusstest Du?
Die Dojos waren ursprünglich Räume in Klöstern und Tempeln, in die man sich zur Meditation zurückzog. Meditation kommt aus dem Lateinischen von »meditare« und heißt „nachdenken".

Auch im heutigen Karate spielt die Entspannungsphase noch eine wichtige Rolle, hierbei wollen wir uns auf das Training vorbereiten.

> **Dojo-Regeln**
> Sei höflich und bescheiden,
> vervollkommne deinen Charakter,
> sei gerecht und hilfsbereit,
> sei geduldig und beherrscht,
> sei mutig.

Sensei – der Lehrer

Der Sensei ist der »Meister«, der sein Wissen und sein Können verantwortungsvoll an seine Schüler weitergibt und ihnen den »Weg« = »Do« zeigt.

Kohai – der Schüler

Früher war der Schüler demütig dem Lehrer gegenüber, denn es war eine große Ehre für den Schüler von seinem Sensei zu lernen. Die Schüler hatten großen Respekt und Ehrfurcht. Geduldig folgten sie immer wieder und wieder seinen Anweisungen, aber das sollte man heute noch genauso tun.

Karateka – der, der Karate ausübt

Jeden, der diesen wunderbaren Sport betreibt, nennt man Karateka, also egal ob Lehrer oder Schüler.

Rei – der Gruß – die Verbeugung

Ein wichtiger Bestandteil ist die Höflichkeit und der Respekt voreinander, dies zeigen wir durch eine Verbeugung, wenn wir das Dojo betreten oder verlassen. Der gleiche Gruß im Stand erfolgt auch bei jeder Übung mit dem Partner, dem wir damit auch unseren Respekt und unsere volle Aufmerksamkeit geben.

Unser Karategruß vor und nach dem Training:

So drücken wir Respekt und Achtung vor dem Partner aus und nutzen die Zeit, uns innerlich auf das Training vorzubereiten. Alle Gedanken, Freuden und Probleme des Tages bleiben vor der Türe.

Dabei knien alle Schüler in einer Reihe vor ihrem Sensei (Trainer). Wir schließen die Augen. Der Sensei sagt auf Japanisch: **Mokuso**. Die Augen bleiben geschlossen, bis der Sensei sagt, dass wir die Augen wieder öffnen dürfen, das heißt: **Mokuso-yame**. Die Antwort daraufhin lautet: **Sensei ni rei**, das ist der Gruß zum Lehrer. Derjenige, der ganz außen rechts in der Reihe sitzt, sagt diese Worte. Beendet wird die Begrüßung dann mit einer Verbeugung vor dem Trainer. Das Gleiche erfolgt dann nochmals nach dem Training.

Oss – Das Wort der Wörter

Im Karate benutzen wir das Wort »Oss« für fast alles. Übliche Bedeutungen sind: Ja, Okay, Danke, Bitte, ich habe verstanden! Es ist auch ein Grußwort zu einem anderen Karateka.

Verbeugen wir uns beim »Oss«, drücken wir damit Respekt, Vertrauen und Sympathie unserem Gegenüber aus. Es zeigt auch dem Sensei, dass wir verstanden haben, was er gesagt hat und seinen Anweisungen folgen.

Diskussionen während eines Karatetrainings gibt es nicht, geantwortet wir nur mit »Oss«.
Durch das Wort »Oss« wird auch der Dank am Ende des Unterrichts ausgedrückt.
Du kannst »Oss« auch als unser Karate-Passwort bezeichnen!

Kime – Anspannung des ganzen Körpers – Freisetzung der Energie

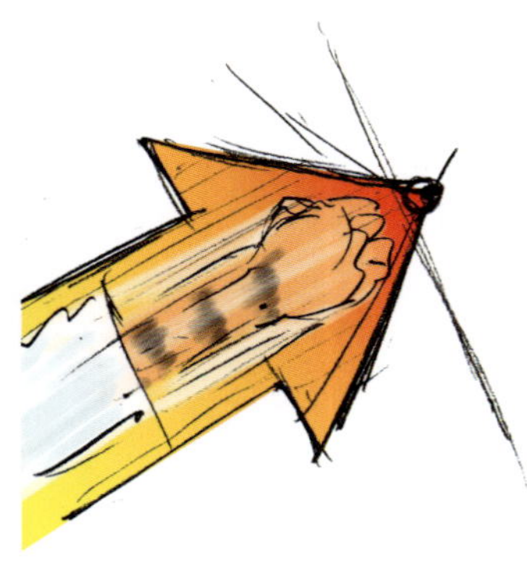

Als Kime bezeichnet man im Karate den kurzen Moment größter Körperspannung am Ende eines Stoßes, Schlages oder Trittes. In diesem Augenblick steckt die Konzentration der gesamten Energie in einem Punkt. Gerade für uns Anfänger ist die Kime sehr schwer, da alle Muskeln bis zum letzten Moment völlig locker bleiben. Nur in dem Moment des Auftreffens oder am Ende der Technik, soll Kime, die volle Anspannung des ganzen Körpers, zur Wirkung kommen. Sofort danach soll der Körper wieder völlig entspannt sein, und damit sofort wieder bereit für die nächste Technik.

Stell dir das so vor:

Vor dir steht ein volles Glas mit Wasser, du stößt
daran und es fällt um. Um das Umfallen zu verhindern,
wirst du reflexartig nach dem Glas greifen, die Bewe-
gung erfolgt fast unbewusst, schnell und ohne jegliche
Anspannung und Verkrampfung. So sollten wir auch
unsere Bewegungen ausführen – plötzlich, schnell
und locker. Erst im Moment des Auftreffens endet die
Technik mit der völligen Anspannung der gesamten
Muskulatur. Dieser Punkt wird Kime genannt.

Kiai – Kampfschrei

Als »Kiai« bezeichnet man einen kurzen, stoßartigen
Schrei am Ende einer Karatetechnik. Die Technik
endet also bei der Ausatmung mit einem Kiai.

Der »Kiai« ist nur die Bezeichnung für einen Schrei,
d. h. dieser ist individuell und hört sich bei jedem
anders an.

Der Kiai ist der Höhepunkt der Ausatmung im
Moment der vollen Anspannung der Bauch- und
Rückenmuskulatur.

Der Kiai zeigt die Energie, die im Körper steckt.

So einen »Schrei« hörst du auch oft in der Leichtathletik,
z. B. beim Kugelstoßen, Diskus und Speerwurf oder
beim Tennis.

Zen – Lebenshaltung

Zen entwickelte sich über den Buddhismus. Dies darf aber nicht als Religion verstanden werden, sondern ist eine Lebenshaltung des aktiven Handelns und des geradlinigen Strebens.

Kommandos

Im Training hören wir viele Kommandos, die auf Japanisch gesprochen werden.

Hier die wichtigsten:

Mokuso	Augen zu!
Mokuso yame	Augen auf!
Sensei ni rei	Gruß zum Lehrer
Oss	Ja – OK! Habe verstanden!
	auch Grußwort zum Gegenüber
Shizen-tai	Normalstellung
Yoi	Achtung! Passt auf!
	(Ausgangsstellung)
Hajime	Fangt an!
	Auf die Plätze, fertig, los!
Mawatte	Wenden
Yame	Halt! Stop!

Zahlen

Hier siehst du die Zahlen 1–10 auf Japanisch.

1 ichi *(sprich: itsch)*

2 ni

3 san

4 shi *(sprich: schi)*

5 go

6 roku *(sprich: rock)*

7 shichi *(sprich: schitsch)*

8 hachi *(sprich: hatsch)*

9 kyu

10 ju *(sprich: dschu)*

一
二
三
四
五
六
七
八
九
十

4. KAPITEL

Die Ausrüstung

Der Gi – der Anzug

Die japanische Bezeichnung für den weißen Baumwollanzug, den man beim Karate trägt, ist Gi. Er besteht aus einer langärmeligen Jacke und einer Hose, die mit einem Band festgezogen wird.

Der Karate-Gi entwickelte sich aus dem traditionellen Unterkleid, das unter dem Kimono getragen wurde. Noch heute findet man es als traditionellen Hausanzug auf japanischen Märkten.

So sieht ein Karate-Gi aus:

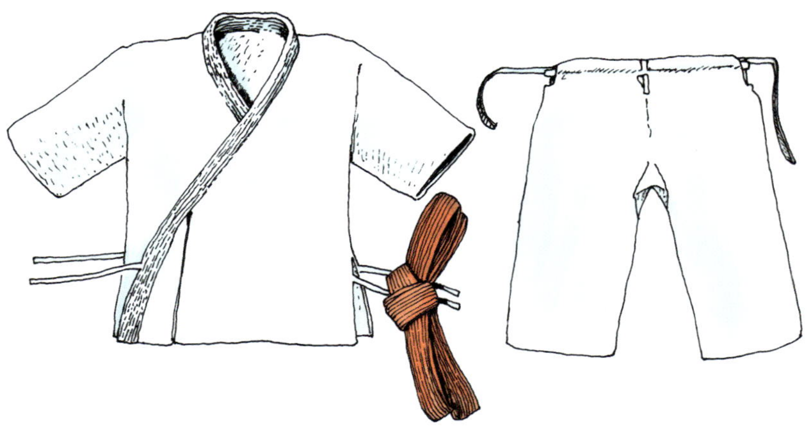

Die Gürtelfarben

Die Gürtelfarben zeigen uns die Leistungsstufe
eines Karatekas, vom Anfänger bis zum Meister.

Wir beginnen mit weiß:
Du kannst dir die Reihenfolge gut merken, wenn
du dir das passende Bild dazu vorstellst!

Weiß	Anfänger Schnee liegt in der Landschaft
Gelb	Der Schnee schmilzt, die gefrorene Erde leuchtet gelb
Orange	Die Sonne erwärmt die Erde. Sie ist fruchtbar.
Grün	Der Samen keimt, ein Pflänzchen kommt.
Blau oder **Violett**	Die Pflanze wächst zum blauen Himmel, sie wird langsam stärker.
Braun	Der Baum hat eine starke Rinde. Er ist jetzt ausgewachsen.
Schwarz	Meister Der Lehrer des Weges (Do)

Ein Schüler durchläuft neun Prüfungen, bevor er sich der Prüfung zum ersten Meistergrad stellen kann.

9. Kyu   = Weißer Gürtel

8. Kyu   = Gelber Gürtel

7. Kyu   = Oranger Gürtel

6. Kyu   = Grüner Gürtel

5. Kyu   = 1. Blauer oder Violetter Gürtel

4. Kyu   = 2. Blauer oder Violetter Gürtel

3. Kyu   = 1. Brauner Gürtel

2. Kyu   = 2. Brauner Gürtel

1. Kyu   = 3. Brauner Gürtel

ab 1. Dan = Schwarzer Gürtel

Kyu heißt übersetzt »Klasse«, gemeint ist damit der Schülergrad.

Dan heißt übersetzt »Stufe«, gemeint ist damit der Meistergrad.

Die Hygiene

Karate trainieren wir barfuß. Deswegen sollten unsere Füße auch sauber sein. Die Zehen- und Fingernägel dürfen nicht zu lang sein, damit wir niemanden verletzen.

Aus dem gleichen Grund wird auch jeder Schmuck vor dem Training abgelegt.

5. KAPITEL

Stehen und Gehen
Schrittstellungen

Sicher stehen:
Sei entspannt, aber bereit loszulegen!

»Shizen-tai« – Normalstellung
Das ist unsere normale Ausgangsstellung vor Beginn des Karates,
aber auch vor jeder Übung, jeder Kata und beim Partnertraining.
Dein Körper ist entspannt, aber bereit für Action.

Unter dem Sammelbegriff Shizen-tai unterscheiden wir zwischen:

Heisoku-dachi
(geschlossene
Fußstellung)

Musubi-dachi
(offene Fußstellung,
Fersen zusammen)

Heiko-dachi
(Füße parallel
und schulterbreit
auseinander)

Hachiji-dachi
(Füße leicht nach
außen, schulterbreit
auseinander)

»Shizen-tai« – »Yoi«

Stehe bequem, mit beiden Beinen fest am Boden.
Die Füße zeigen leicht nach außen (Musubi-dachi).

Bleib locker! Der Rücken ist gerade, die Arme liegen
seitlich an deinen Oberschenkeln an.
Nach einer kurzen Verbeugung stehen wir wieder
gerade.

Musubi dachi   kurze Verbeugung

»Yoi« – Jetzt geht's los! Überkreuze deine Arme vor dem Körper und schließe dabei die Hände zur Faust. Während dieser Bewegung geht dein rechter Fuß leicht zur Seite, so dass du ungefähr schulterbreit stehst. So stehst du mit geradem Rücken, die Füße schulterbreit auseinander und die Fäuste vor deinen Oberschenkeln. Bereit, wie ein aufmerksamer Tiger!

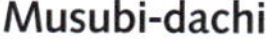

Musubi-dachi

Die Arme kreuzen wir vor dem Körper

Hachiji-dachi
Das rechte Bein bewegt sich nach rechts, die Fäuste gehen auseinander

Hier eine kleine Übersicht:

Hachiji-dachi	Füße leicht nach außen und schulterbreit auseinander
Musubi-dachi	Füße leicht nach außen und Fersen zusammen
Heisoku-dachi	Füße parallel und geschlossen
Heiko-dachi	Füße parallel und schulterbreit auseinander

Sicher gehen: Immer im Gleichgewicht

Die Grundlage jeder Karatetechnik ist die richtige Stellung (Dachi). Sie gibt dir die nötige Stabilität und das Gleichgewicht, um Abwehr- und Angriffstechniken kraftvoll ausführen zu können.

Stell dir das so vor: je besser das Fundament (z. B. Keller) eines Hauses ist, desto stabiler und fester steht das Haus bei Sturm und Unwetter.

Die 3 Grundstellungen

Die verschiedenen Stellungen bilden das Fundament, also die Basis für alle Karatetechniken. Jeder Schritt dient einem besonderen Zweck.

Zenkutsu-dachi	Kiba-dachi	Kokutsu-dachi

1. Schrittstellung
Zenkutsu-dachi – Vorwärtsstellung

Der Schwerpunkt, bzw. das Gewicht, liegt auf dem vorderen Bein.

Wie stehe ich?

Dein vorderes Bein ist stark gebeugt, dein hinteres Bein ganz gestreckt. Deine Füße sind fest auf dem Boden und nach vorne gerichtet.

Der Oberkörper ist gerade, das Gewicht deines Körpers ruht zum Großteil auf dem vorderen Bein. Von vorne betrachtet, sind deine Füße etwa schulterbreit auseinander, so stehst du sicher und stabil.

Wie gehe ich?

Bewegung im Zenkutsu-dachi oder der Bananenschritt: Alles Banane oder was? Jetzt kommt tatsächlich die Banane ins Spiel!

Nicht weil sie so gut schmeckt, sondern weil ihre gekrümmte Form das Vorbild für die Vorwärts- und Rückwärtsbewegung im Zenkutsu-dachi ist. Deshalb nennen wir diese Bewegung, um es uns besser vorstellen zu können, im Kindertraining auch Bananenschritt.

Obwohl die Stellung als Vorwärtstellung bezeichnet wird, kann man mit dieser Bewegung vorwärts und auch rückwärts gehen.

Du stehst schulterbreit, dein vorderes Bein ist gebeugt, dein hinteres Bein ist gestreckt.

Beim Vorwärtsgehen bewegst du das hintere Bein über das vordere in einem Bogen (Banane) nach vorne. Der Fuß, der sich bewegt, sollte nur ganz leicht vom Boden angehoben werden. Du schleichst also lautlos über den Boden, wie der Tiger im Dschungel.

Am Ende der Bewegung im Zenkutsu-dachi, ist das hintere Bein immer gestreckt und das vordere immer stark gebeugt!

Beim Rückwärtsgehen ziehst du das vordere Bein wieder in einem Bogen nach hinten.

Beachte:

Bleibe bei jeder Vor- oder Rückwärtsbewegung auf einer Höhe (Linie), d. h. bewege deinen Körper nicht nach unten oder oben. Also genauso wie eine schleichende Raubkatze! Die Fußsohlen sollten am Ende der Bewegung unbedingt ganz am Boden aufliegen und du stehst schulterbreit, um einen sicheren und festen Stand zu haben.

2. Schrittstellung
Kokutsu-dachi – Rückwärtsstellung

Der Schwerpunkt liegt auf dem hinteren Bein.

Wie stehe ich?

Dein vorderer Fuß zeigt nach vorne, das Knie ist
nur leicht gebeugt. Der hintere Fuß ist um 90°
im rechten Winkel nach außen gedreht und das
Knie ist stark gebeugt. Ein Großteil deines Ge-
wichts liegt auf dem hinteren Bein. Der Abstand
zwischen deinen Füßen ist wieder ungefähr
zwei Schulterbreiten. Dein Oberkörper ist auch
hier gerade.

Im Gegensatz zum Zenkutsu-dachi (schulterbreit),
stehst du im Kokutsu-dachi mit den Fersen auf
einer Linie.

Kokutsu-dachi

Wusstest du?
Vorteil des Kokutsu-dachi:
Beim Kokutsu-dachi liegt der
Schwerpunkt des Körpers auf
dem hinteren Bein.
Da man so Angriffen besser
ausweichen kann, nehmen wir
diese Stellung hauptsächlich in Ver-
teidigungssituationen ein.

Wie gehe ich? – Bewegung im Kokutsu-dachi

Wenn du nach vorne gehst, verlagerst du das Gewicht, also deinen Schwerpunkt, über das vordere Bein nach vorne. Dies gelingt dir am besten, indem du das hintere Bein streckst und das vordere Bein, also das Knie, stark beugst.

Dann ziehst du das hintere Bein auf einer Linie nach vorne und setzt es ab. Das Bein, welches bei der Vorwärtsbewegung stark gebeugt ist (Standbein), bleibt während der ganzen Bewegung gebeugt.

Bevor du das Bein vorn aufsetzt, dreht sich das andere Bein (hintere Bein) zur Seite (90 Grad), so dass es im rechten Winkel nach außen zeigt.

Beachte:

Bleibe mit deinem Körper wieder auf einer Höhe, also wackle nicht auf und nieder und halte deinen Oberkörper gerade.

3. Schrittstellung
Kiba-dachi – Seitwärtsstellung

Der Schwerpunkt ist in der Mitte.

Wie stehe ich? – Der Reiter ohne Pferd

Wir stehen seitlich und die Füße sind
auf einer Linie in ungefähr doppelter
Schulterbreite auseinander. Du stehst
also sehr breitbeinig, genauso wie
wenn du auf einem Pferd in einem dicken, ledernen
Sattel sitzen würdest. Die Fußspitzen zeigen in die
gleiche Richtung nach vorne. Die Knie sind stark ge-
beugt. Die Haltung des Oberkörpers ist gerade. Deine
Arme hältst du am besten gestreckt zur Seite.

> **Wusstest du?**
> **Vorteil des Kiba-dachi:**
> Diese Stellung wird eingenommen, wenn
> Karate-Techniken zur Seite hin ausgeführt
> werden, wie zum Beispiel die Beintechnik
> Yoko-geri.

Wie gehe ich? – Bewegung im Kiba-dachi

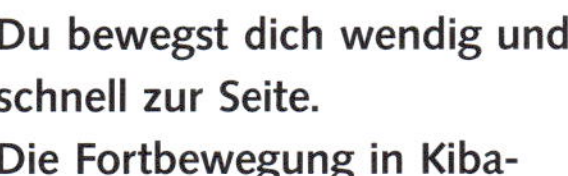

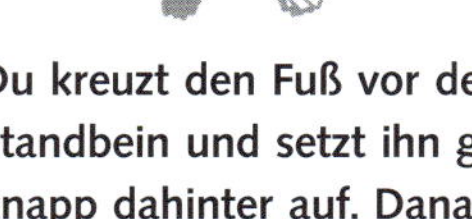

**Du bewegst dich wendig und
schnell zur Seite.
Die Fortbewegung in Kiba-
dachi erfolgt mit einem seit-
lichen Übersetzen der Beine.**

**Du kreuzt den Fuß vor dem
Standbein und setzt ihn ganz
knapp dahinter auf. Danach
ziehst du den anderen Fuß
nach und setzt ihn in einer
geraden Linie seitlich ab.**

**Die Fußspitzen zeigen immer
in dieselbe Richtung, die Füße
sind also parallel.**

Wusstest Du?
Das Pferd im Krebsgang

»Kiba« heißt auf Deutsch »Reiter«. Da diese Karate-Stellung an die Sitzhaltung im Pferdesattel erinnert, wird sie auch Reiterstellung genannt. Wenn du dann zur Seite gehst, sieht das aus wie ein Pferd im Krebsgang. Sozusagen die »Hohe Schule« der Reitkunst im Karate.

Auch hier gilt es, ein »auf und ab« unbedingt zu vermeiden, also bewege dich wieder wie eine schleichende Raubkatze. Bleibe bei jeder Vor- oder Rückwärtsbewegung auf einer Höhe, d. h. bewege deinen Körper nicht nach unten oder oben. Deine Knie sind also während der ganzen Bewegung gebeugt!

Übersicht: Die Technik
Grundstellungen im Überblick

Stellung	Zenkutsu-dachi	Kokutsu-dachi	Kiba-dachi
deutsch:	Vorwärtsstellung	Rückwärtsstellung	Seitwärtsstellung
Stellung	schulterbreit	auf einer Linie	seitlich
Schrittlänge	doppelte Schulterbreite	doppelte Schulterbreite	doppelte Schulterbreite
Schwerpunkt	vorderes Bein	hinteres Bein	in der Mitte
Bewegung	im Halbkreis (Bogen), hinteres Bein gestreckt, vorderes Bein gebeugt	auf einer Linie, hinteres Bein stark gebeugt, vorderes Bein leicht gebeugt	seitlicher Übersetzschritt, beide Beine parallel gebeugt, nach vorne gerichtet
Fortbewegung	vorwärts + rückwärts	vorwärts + rückwärts	seitlich
Anwendung	um sehr schnell große Entfernungen zurückzulegen	um Angriffen auszuweichen	um seitlich anzugreifen

6. KAPITEL:

Der Angriff
Angriffstechniken mit der Faust

Grundlagen –
Was ist für alle Techniken wichtig?

Das richtige Schließen der Hand zur Faust:

 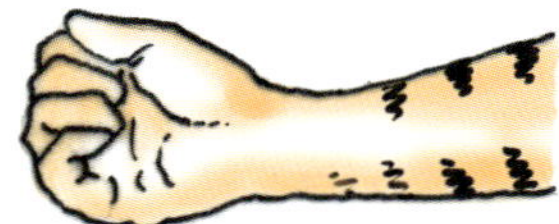 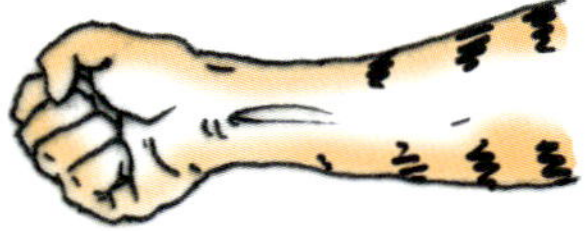

Deine Faust spielt im Karate eine große Rolle.
Hier ist besonders wichtig, wie du die Hand richtig
zur Faust schließt.

Rolle die Finger eng und fest nach innen.
Lege den Daumen angewinkelt über Zeige- und
Mittelfinger.

Trefferfläche

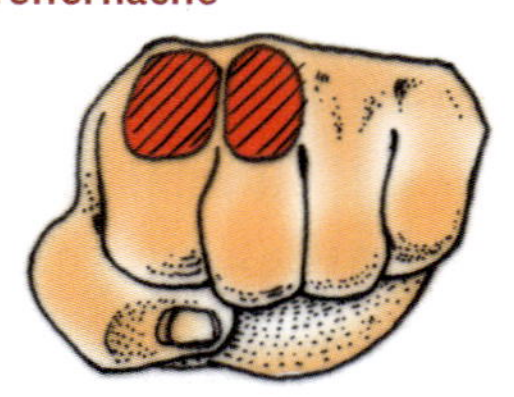

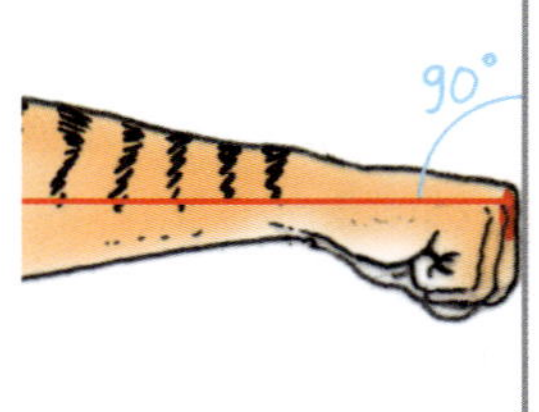

Achte darauf, dass der Daumen außen ist und sich bei der Faust nicht unter deinen Fingern versteckt. Bei einem harten Schlag könntest du ihn sonst verletzen.

Halte den Handrücken gerade, damit das Handgelenk stabil ist.

Verschiedene Bereiche deines Körpers: Jodan/Chudan/Gedan

Man unterscheidet bei allen Verteidigungs- und Angriffstechniken 3 verschiedene Abschnitte deines Körpers, je nachdem auf welchen Teil deines Körpers der Angriff zielt.

Angriffsstufen

Jodan	Chudan	Gedan
Kopfbereich	Brust-, Magen- und Bauchbereich	Bereich unterhalb des Gürtels

Angriffstechniken mit der Faust:

Versuche immer einem Angriff auszuweichen oder
ihn abzuwehren. Nur wenn wir keine andere Mög-
lichkeit sehen, müssen wir auch angreifen, um uns
zu verteidigen. Wenn ein Ausweichen nicht möglich
ist, führe die Abwehr so wie einen Angriff aus, also
hart und schnell.

Der Zuki (Fauststoß)

Der Zuki (Fauststoß) ist eine der wichtigsten und
am häufigsten trainierten Techniken im Karate.
Bei einem Zuki kommt fast deine gesamte Körper-
muskulatur zum Einsatz. Durch die Beschleunigung
des Armes erhält der Zuki seine Wirkung.
Um einen schnellen und wirkungsvollen Zuki zu
lernen, musst du viel üben. Sogar Schwarzgurte
üben den Fauststoß regelmäßig, um ihn immer
wieder zu verbessern.

Hikite:

Das schnelle und bewusste Zurückziehen der Faust
(es heißt auf Japanisch Hikite) ist sehr wichtig.
Je stärker der gestreckte Arm zurückgezogen wird,
desto stärker bringst du die vorstoßende Faust nach
vorne.

Spannung aufbauen!

Hier geht es nicht um einen Krimi, sondern um
die Frage: Wie weit ziehst du die Faust an die Hüfte
zurück?

Gegenfrage:
Wenn Du einen Pfeil weit schießen willst, wie weit
musst du dann den Bogen spannen?
Du wirst den Bogen sehr weit spannen, um den Pfeil
weit zu schießen.

Lösung:
Genauso verhält sich die Faust, die an der Hüfte war-
tet, bis sie „losschießen", also vorstoßen darf. Spanne
deinen Körper wie einen Bogen und ziehe die Faust
möglichst weit zurück, dann kann sie kraftvoll nach
vorne stoßen.

1. Angriffstechnik – Choku-zuki
(gerader Stoß im Stehen)

Der Zuki im Stand heißt Choku-zuki.

Ausführung:

Stehe wie immer ganz aufrecht und gerade.
Der Zuki startet von der Hüfte, d. h. eine Faust befindet sich an der Hüfte, der Ellbogen ist fest an den
Körper gedrückt. Der Handrücken zeigt nach unten.
Die andere Faust ist vor der Körpermitte ganz nach
vorne gestreckt. Ihr Handrücken zeigt nach oben.

Die Bewegung des Armes erfolgt in einer ganz
geraden Bahn nach vorne, so wie wenn du einen
Speer gerade nach vorn stoßen willst. Dabei gleiten
die Unterarme ganz eng am Körper entlang. Dies gilt
für die zurückziehende und die vorstoßende Faust.

Im selben Augenblick, in dem die Faust von der
Hüfte nach vorne startet, zieht die andere Faust an
die Hüfte zurück. Die Bewegung erfolgt gleichzeitig!
Ganz am Schluss der Bewegung werden die Fäuste
gedreht, so dass der Handrücken der vorderen Hand
nach oben zeigt und der der hinteren nach unten.
Der vordere Arm ist ganz gestreckt.

Wusstest du?
Die Fäuste werden gedreht, um
die Techniken zu beschleunigen.

2. Angriffstechnik – Oi-zuki
(Angriffsstoß)

Der Zuki mit einer Vorwärtsbewegung, meist im Zenkutsu dachi, heißt Oi-zuki.

Ausführung:

Es wird mit der gleichen Seite gestoßen, mit der du vorwärts gehst.

Ist der linke Fuß vorne, stößt die linke Faust; ist der rechte Fuß vorne, stößt die rechte Faust.

Der Oi-zuki ist eine sehr kraftvolle Technik, da sich der ganze Körper schnell nach vorne bewegt.

3. Angriffstechnik – Gyaku-zuki (Seitenverkehrter Fauststoß)

Der Zuki mit einer Vorwärtsbewegung, aber seiten-
verkehrt, heißt Gyaku-zuki.

Ausführung:

Hier stößt du nicht mit der Seite, mit der du nach
vorne gegangen bist, sondern seitenverkehrt.
D. h., wenn du mit der rechten Faust stößt, steht
dein linkes Bein vorne und umgekehrt. Die Technik
wird meistens beim Partnertraining nach einer Ab-
wehr (siehe Kapitel 10) als Gegenangriff verwendet.

Wichtig für Oi-zuki und Gyaku-zuki:

Schultern bleiben locker – nicht hochziehen,
Ellenbogen ganz eng am Körper führen,
Handrücken bleibt ganz gerade, Arm ganz strecken,
Faust fest zurück an die Hüfte ziehen.

Perfektes Zusammenspiel von Hand und Fuß:

Die Bewegung der Hand und die Schrittstellung
enden zum gleichen Zeitpunkt.

Angriffstechniken mit der Faust

Choku-zuki	Oi-zuki	Gyaku-zuki
gerader Stoß	Angriffsstoß	seitenverkehrter Fauststoß
gerader, gestreckter Fauststoß im Stand (Hachiji-dachi oder Heiko-dachi)	gerader, gestreckter Fauststoß in Verbindung mit Vorwärtsbewegung (meist Zenkutsu-dachi)	gerader, gestreckter Fauststoß mit Vorwärtsbewegung (meist Zenkutsu-dachi) mit »entgegengesetzter« Seite
	gleicher Fuß und gleicher Arm ist vorne	linkes Bein vorne und rechter Arm ist vorne oder rechtes Bein vorne und linker Arm ist vorne

7. KAPITEL:

Die Abwehr
Abwehrtechniken mit dem Arm

Man sagt, die wahre Kunst des Karates »beginnt und endet mit einer Abwehr« oder »im Karate gibt es keinen ersten Angriff«.
Diese beiden Aussagen machen deutlich, dass die Grundsätze des Karates, keinen Gebrauch zu Angriffszwecken erlauben.

Grundlagen
Was ist für alle Abwehrtechniken wichtig?

Fließende Bewegungen – keine Pause:
Mache beim Ausholen mit deinem Arm keine Pause, um den Bewegungsablauf nicht zu unterbrechen. So verliert deine Bewegung keinen Schwung und bleibt geschmeidig und voller Energie.

Wenn du einen Ball weit werfen willst, holst du auch nach hinten aus und wirfst den Ball in einer Bewegung nach vorne, ohne die Ausholbewegung zu stoppen.

Wenn du mit Karate beginnst, kannst du die Ausholbewegung der Abwehrtechnik bewusst betonen. So bekommst du ein Gefühl für die richtige Bewegung. Alle Techniken, Abwehr wie Angriff, schließen mit der Kime (gesamte Körperspannung).

Hüfte zur Seite drehen:

Bei allen Abwehrtechniken drehst du den Körper leicht zur Seite. Deine Hüfte zeigt also nicht direkt zu deinem Partner, sondern sie ist leicht zur Seite gedreht.

Das bringt dir 2 Vorteile:

- **Weniger Angriffsfläche** –
  Du verringerst deine Angriffsfläche.

- **Mehr Kraft und Schnelligkeit:**
  Du bekommst mehr Kraft und Schnelligkeit bei einem Gegenangriff. Stelle dir vor, du willst einen Ball möglichst weit werfen! Dann holst du nicht nur mit dem Arm, sondern mit deinem ganzen Körper Schwung. Beim Ausholen drehst du ebenfalls die Hüfte zur Seite.

Beachte:

Wenn du die Hüfte leicht zur Seite drehst, um so die Angriffsfläche zu verringern und um eventuell einen kraftvollen Gegenangriff zu starten, darf sich dein vorderes Bein beim Zenkutsu-dachi nicht nach innen bewegen, da sonst die Stellung nicht stabil und fest ist!

Besser Ausweichen als Abwehren:

Da Karate schon immer als Verteidigungskunst gelehrt wurde, wird man immer versuchen, den Angriffen auszuweichen. Wenn ein Ausweichen nicht möglich ist, muss eine Abwehr so wie ein Angriff ausgeführt werden, also hart und schnell.

1. Abwehrtechnik
Gedan-barai (Abwehr nach unten)

Mit dem Gedan-barai kannst du Fuß- und
Fauststöße, die auf deinen Bauch-Bereich
(Bauch = Chudan-Bereich) gerichtet sind, abwehren.

Aber auch den Bereich unterhalb des Gürtels,
also den Gedan-Bereich (daher kommt auch der
Name Gedan-barai), schützt du so vor Angriffen.

Ausführung im Stand:

Der abwehrende Arm holt
mit der Faust am gegen-
überliegenden Ohr Schwung.
Die Faustinnenseite zeigt
dabei zum Ohr. Der andere
Arm ist nach unten gestreckt.

Nun führst du den Arm vom
Ohr direkt nach unten, der
Faustrücken zeigt dann nach
oben. Den gestreckten Arm
ziehst du an die Hüfte zurück,
der Faustrücken zeigt nach
unten. Beide Bewegungen
erfolgen gleichzeitig.

Wie gehe ich? Bewegung im Gedan-barai?

Ausgangsstellung:
»links vor im Zenkutsu-dachi«.
Das linke Bein ist vorne und
gebeugt, das hintere rechte
Bein gestreckt, der linke Arm
zeigt nach vorn, der rechte
Arm, bzw. Faust, ist an der
Hüfte.

Die rechte Faust holt am
linken Ohr Schwung.
Der linke Arm bleibt gestreckt.
Den hinteren Fuß ziehst Du
im Bogen nach vorne.

Nun führst du den Arm
geradlinig vom Ohr weg nach
unten. Der andere Arm, bzw.
Faust, zieht an die Hüfte
zurück. Am Ende der Bewe-
gung stehst du wieder schul-
terbreit. Der rechte Arm und
der rechte Fuß sind vorne.

Beachte:

- dass sich die Faust ca. eine Faustbreite
  über dem gebeugten Knie befindet und der Arm
  gestreckt ist,
- dass sich bei der Abwehr die Fäuste am Ende
  der Bewegung wieder drehen,
- dass beim Vorwärtsgehen die Schrittstellung und
  die Abwehrbewegung, also die Bewegungen deiner
  Arme und Beine, zum gleichen Zeitpunkt enden.

Den Gedan-barai brauchst du sehr oft.
Wenn du die Grundschule (Kihon) trainierst, ist die
Abwehrtechnik Gedan-barai mit der Schrittstellung
Zenkutsu-dachi die Anfangsstellung für alle Abwehr-
und Angriffstechniken.

**In der Grundschule gehen wir meist zuerst mit
dem linken Bein nach vorn.**

Wie komme ich in diese Anfangsstellung?

Am Anfang der Grund-
schule beginnt jede
Technik mit Shizen-tai
(Ausgangsstellung)

Musubi-dachi

Yoi
(Achtung,
aufmerksam sein)

Hachiji-dachi

Rechter Arm streckt
sich. Die linke Faust
holt am rechten Ohr
Schwung.

Das linke Bein zieht in
einem Bogen nach
vorne. Die andere
Faust zieht zur Hüfte.
**Nun bin ich in der
Ausgangsstellung:
»links vor im
Zenkutsu-dachi mit
Gedan-barai«**

2. Abwehrtechnik
Age-uke (Abwehr nach oben)

Uke ist das japanische Wort für Abwehr.

Mit der Abwehrtechnik Age-uke kannst du Angriffe, die auf deinen Kopf zielen (also den Jodan-Bereich), abwehren und dich so schützen.

Ausführung im Stand:

Einen Arm streckst du nach oben, während dein anderer Arm sich eng am Körper befindet, deine Faust liegt an der Hüfte an.

Die Faust an der Hüfte bewegt sich direkt über die Körpermitte nach oben. Den anderen Arm ziehst du im selben Moment nach unten. Während der Bewegung kreuzen sich die Arme vor der Brust.

Durch das Kreuzen der Arme vor dem Körper schützt du deinen Körper.
Der Arm, der sich nach oben bewegt, geht außen vorbei.

Der abwehrende Arm befindet sich am Ende ca. eine Faustbreit vor der Stirn und der Ellbogen muss unbedingt tiefer als die Faust sein. Der andere Arm ist nun eng am Körper und deine Faust liegt an der Hüfte.

Wie gehe ich? Bewegung im Age-uke?

Anfangsstellung:
»Links vor im Zenkutsu-dachi mit Gedan-barai«
einnehmen.

Wenn du die Bewegung beginnst, streckst du den vorderen Arm nach oben. Der abwehrende Arm ist noch an der Hüfte (hier der rechte Arm).

Während der Vorwärtsbewegung im Zenkutsu-dachi, kreuzen sich deine Arme vor dem Körper.

In der Endphase der Bewegung befindet sich der abwehrende Arm ca. 2 Faustbreiten vor der Stirn.

Beachte:

- Die Arme werden wiederum eng am Körper geführt und die Fäuste in der Endphase gedreht.
- Die Arm- und Schrittbewegung enden im selben Moment.
- Der Ellbogen des abwehrenden Armes sollte in der Endposition immer etwas tiefer sein als deine Faust.

3. Abwehrtechnik
Soto-uke
(Abwehr zur Mitte – von außen nach innen)

Mit dem Soto-uke wehrst du einen Angriff mit dem Unterarm von außen nach innen ab. Die Abwehrhöhe ist meistens der Bauch- und Brustbereich (Chudan), es können aber auch Angriffe zum Kopf (Jodan) abgewehrt werden.

Ausführung im Stand:

Du holst mit der Hand, die abwehrt, neben deinem Körper Schwung. Der Arm ist angewinkelt, so dass zwischen Ober- und Unterarm ein rechter Winkel ist.
Dein anderer Arm ist vor deiner Körpermitte gestreckt.

Den angewinkelten Arm führst du zur eigenen Körpermitte nach unten, die Faust wird eingedreht und befindet sich ungefähr auf Schulterhöhe. Der gestreckte Arm zieht im gleichen Moment an die Hüfte zurück, die Faust dreht sich.

Wie gehe ich? Bewegung im Soto-uke?

»Links vor im Zenkutsu-dachi mit Gedan-barai«
einnehmen.

Wenn du die Bewegung beginnst, streckst du deinen linken Arm gerade nach vorne. Der rechte, abwehrende Arm geht soweit nach oben, bis der Ellbogen auf Höhe der Schultern ist. Oberarm und Unterarm bilden einen rechten Winkel.

Jetzt bewegt sich das hintere Bein über das vordere im Zenkutsu-dachi nach vorne.

Während dieser Bewegung ziehst du den gestreckten Arm an die Hüfte zurück, die Faustinnenseite zeigt nach oben. Den gebeugten Arm ziehst du vor deinen Körper. Die Faust wird dabei gedreht, die Faustinnenseite schaut zu dir.

Beachte:

Deine Faust sollte sich in der Endposition ungefähr
auf Schulterhöhe befinden und der Ellbogen sollte
eine Faustbreit vom Körper entfernt sein.

4. Abwehrtechnik
Uchi-uke
(Abwehr zur Mitte – von innen nach außen)

Mit dem Uchi-uke wehrst du einen Angriff mit dem Unterarm von innen nach außen ab. Die Abwehrhöhe ist der Bauch- und Brustbereich (Chudan). Es können aber auch Angriffe zum Kopf (Jodan) abgewehrt werden.

Ausführung im Stand:

Der abwehrende Arm holt zwischen Gürtel und Achselhöhle des anderen Armes Schwung. Der Handrücken der Faust zeigt dabei nach oben. Der andere Arm ist nach vorne gestreckt. Sein Handrücken zeigt ebenfalls nach oben.

Die Abwehrbewegung beginnt, wenn sich der Unterarm nach außen bewegt, d.h. der gebeugte Unterarm wird ganz schnell aufgerichtet, so dass du schnell einen Angriff auf deine Körpermitte abwehren kannst. Die Arm- und Fausthaltung ist in der Endstellung wie bei Soto-uke, ungefähr auf Schulterhöhe, d.h. eine Faustbreit vom Körper entfernt und die Faustinnenseite zeigt zu dir. Der gestreckte Arm zieht an die Hüfte zurück.

Wie gehe ich? Bewegung im Uchi-uke?

»Links vor im Zenkutsu-dachi mit Gedan-barai«
einnehmen.

Der linke Arm ist nach vorne
zur eigenen Körpermitte ge-
streckt.

Jetzt holt der rechte Arm
unterhalb der linken Achsel-
höhle Schwung. Das hintere
Bein bewegt sich über das
vordere im Zenkutsu-dachi
nach vorne.

Während dieser Bewegung,
zieht der gestreckte Arm
an die Hüfte zurück und der
gebeugte Arm richtet sich auf.

Beachte:

Der abwehrende Arm muss zuerst unter den
zurückziehenden Arm geführt werden. Der Winkel
zwischen Ober- und Unterarm sollte 90° betragen.

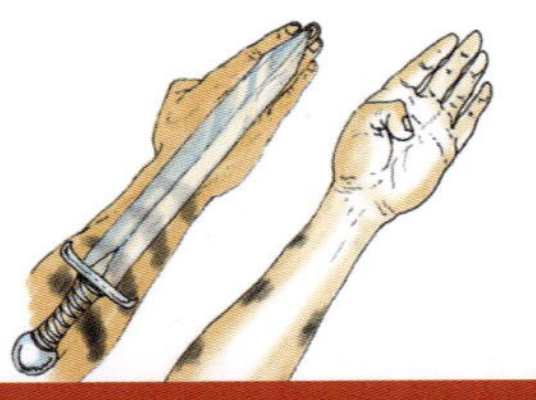

5. Abwehrtechnik
Shuto-uke (Handkantenabwehr)

Mit dem Shuto-uke (sprich: Schtoke) wehrst du einen Angriff mit der Handkante ab. Die Abwehrhöhe ist Chudan oder Jodan.

Die Hände sind bei dieser Abwehrtechnik geöffnet.

Hände und Unterarm sollen wie ein Schwert eingesetzt werden.

Wusstest du?
Shu = Hand, To = Schwert

Deswegen kann man auch zu dieser Abwehr „Schwerthandblock" sagen.

Ausführung im Stand:

Diese Ausholbewegung ist wie beim Gedan-barai, nur dass die Hände dabei geöffnet sind. Die abwehrende Hand holt beim gegenüberliegenden Ohr aus, die Handinnenseite zeigt dabei zum Ohr. Der Ellbogen liegt am Körper an. Der andere Arm ist nach vorne, zur eigenen Körpermitte hin, gestreckt. Die Handfläche zeigt nach unten.

Der Unterarm wird bei der Ausführung der Abwehr nach außen gedreht. Die Drehung erfolgt aus dem Ellbogengelenk.

Die zurückziehende Hand wird, ohne dass sie sich zur Faust schließt, nach hinten in eine Position vor der Mitte der Brust gezogen (knapp oberhalb des Gürtelknotens). Die Handfläche schaut nach oben, d.h. auch hier wird die Hand gedreht.

Wie gehe ich? Bewegung im Shuto-uke?

Ausführung der Bewegung »links vor im Zenkutsu-dachi« einnehmen.

Zenkutsu-dachi

Kokutsu-dachi

Damit du vorwärts kommst, musst du dein Gewicht auf das vordere Bein verlagern und stark beugen. Dadurch wird das hintere Bein entlastet. Somit ist es leichter, sich nach vorne zu bewegen.

Wenn sich die Beine in der Mitte »treffen«, holt im selben Moment, die abwehrende Hand beim gegenüberliegenden Ohr aus. Der Ellbogen liegt am Körper an. Der andere Arm ist nach vorne, zur eigenen Körpermitte hin, gestreckt.

Kurz bevor du den rechten Fuß (auf einer Linie) vorne aufsetzt, drehst du den Unterarm des rechten Armes nach außen und der gestreckte Arm zieht gerade zur Körpermitte zurück bis knapp oberhalb deines Gürtels.

Wenn du die Abwehr beendet hast, ist das Knie des hinteren Beines stark gebeugt und der Fuß 90° zur Seite gedreht. Das Knie des vorderen Beines ist leicht gebeugt und die Fußspitzen zeigen nach vorn. Dein Gewicht liegt nach dem Schritt zum größten Teil auf dem hinteren Bein. Nun stehst du in der Stellung »Kokutsu-dachi«.

Beachte:

Erinnerst du dich an die Stellung Kokutsu-dachi? –
z. B.: Dein linker Fuß zeigt nach vorne, das Knie ist
nur leicht gebeugt. Der hintere Fuß ist um 90°
gedreht und das Knie stark gebeugt. Ein Großteil
deines Gewichts ist auf dem hinteren Bein. Du
stehst auf einer Linie.

Deine Handflächen dürfen in keinem Moment ge-
knikkt sein. Handrücken und Unterarm sind eine
Linie, denke an das Schwert. Drücke deine Finger
fest aneinander, der Daumen liegt eng an der Hand-
innenfläche.

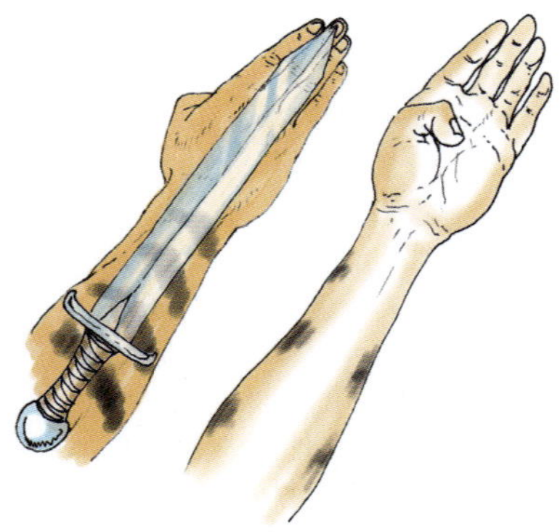

6. Abwehrtechnik
Morote-uke (beidhändige Unterarmabwehr)

Mit dem Morote-uke wehrst du einen Angriff mit
beiden Unterarmen von innen nach außen ab. Diese
Technik ähnelt dem Uchi-uke, ist aber um einiges
stärker, da der vordere Arm durch den hinteren
Arm bei der Abwehr unterstützt wird.

Ausführung im Stand:

Beide Arme holen neben dem
Körper Schwung, sind aber
nicht ganz gestreckt, die Hand-
rücken der Fäuste zeigen nach
oben.

Die Arme werden nun von der
Seite nach vorne geführt und
in der Endbewegung gedreht,
so dass die Faustinnenseite
zum Körper zeigt.

Die hintere Faust befindet sich
am Ellbogen des vorderen
Armes.

Wie gehe ich? Bewegung im Morote-uke?

Diese Abwehr wird meist in der Stellung Kokutsu-dachi ausgeführt, kann aber auch wie z. B. in der Kata »Heian Nidan« im Zenkutsu-dachi sein.

Um die Fortbewegung besser zeigen zu können, stehen wir hier am Anfang mit dem rechten Bein im Zenkutsu-dachi vorne.

Zenkutsu-dachi

Kokutsu-dachi

Um schnell vorwärts zu kommen, verlagere dein Gewicht wieder auf das vordere Bein.

Im selben Moment wie sich die Beine in der Mitte »treffen«, holen die Arme (hier) auf der rechten Seite aus.

Während du das linke Bein auf einer Linie (Kokutsu-dachi) nach vorne bewegst, werden die Arme von der Seite nach vorne geführt und in der Endbewegung gedreht. Die Faustinnenseiten zeigen zum Körper. Die hintere Faust (hier die rechte) befindet sich am Ellbogen des vorderen Armes.

Beachte:

Wenn du mit Morote-uke vor- oder rückwärts gehst,
holen die Arme immer an der Außenseite des
vorderen Beines aus.

Im Moment der Abwehr wird der abwehrende
Arm durch den anderen unterstützt und zwar am El-
lenbogen. Diese Abwehr kannst du sowohl in
der Stellung Zenkutsu-dachi als auch in der Stellung
Kokutsu-dachi ausführen.

Zusammenfassung der Abwehrtechniken

Abwehrtechnik	Bezeichnung	Bereich, der abgewehrt wird
Gedan-barei	Abwehr nach unten	Chudan, Gedan
Age-uke	Abwehr nach oben	Jodan
Soto-uke	Abwehr zur Seite von außen nach innen	Chudan
Uchi-uke	Abwehr zur Seite von innen nach außen	Chudan, Jodan
Shuto-uke	Handkantenabwehr	Chudan, Jodan
Morote-uke	beidhändige Unterarm-abwehr	Chudan, Jodan

8. KAPITEL

Die Wendung – Mawatte

Da wir ja nicht immer in die gleiche Richtung laufen
können, müssen wir uns auch umdrehen (180°-Drehung).
Diese Wendung nennt man »Mawatte« – das bedeutet
übersetzt »Dreht Euch«. Mawatte ist die Befehlsform von
»mawaru«, das auf Deutsch »kreisen / herumgehen« heißt.

Ausführung:

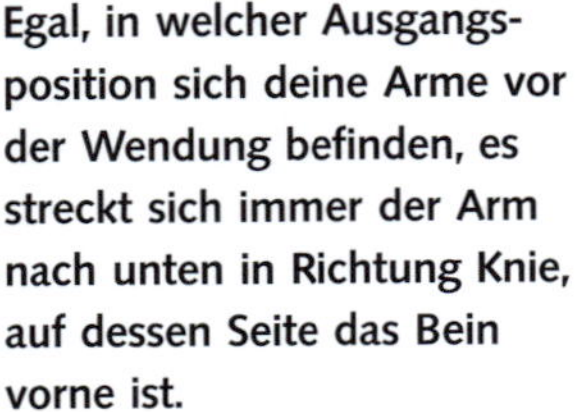

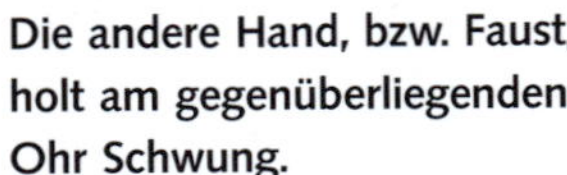

Egal, in welcher Ausgangs-
position sich deine Arme vor
der Wendung befinden, es
streckt sich immer der Arm
nach unten in Richtung Knie,
auf dessen Seite das Bein
vorne ist.

Die andere Hand, bzw. Faust,
holt am gegenüberliegenden
Ohr Schwung.

Das hintere Bein setzt in dop-
pelter Schulterbreite in einer
geraden Linie über, danach
drehst du deinen ganzen Kör-
per.
Der Blick geht über die Schul-
tern.

Es ist wichtig, dass der ge-
streckte Arm mit in die andere
Richtung genommen wird.

Erst, wenn der ganze Körper
gedreht ist, wird die Abwehr
Gedan-barai ausgeführt.

Beachte:

Es ist wichtig, dass du bei der Wendung das hintere
Bein beim Übersetzen nicht zum Körper heranziehst,
weil du sonst zu eng stehst und sogar umfallen könn-
test. Halte den Oberkörper bei der Drehung aufrecht!

Wenn du aus der Stellung Kokutsu-dachi (du stehst
auf einer Linie) in die Stellung Zenkutsu-dachi wen-
den willst, musst du nur eine Schulterbreite überset-
zen, da du ja schon auf einer Linie stehst. Das gleiche
gilt auch bei der Wendung von der Stellung
Kiba-dachi in Zenkutsu-dachi.

9. KAPITEL:

Bein-/Fußtechniken

Grundlagen – Was ist für alle Bein-/Fußtechniken wichtig?

Die Beintechniken spielen im Karate eine große Rolle. Sie können zur Abwehr und auch zum Angriff eingesetzt werden und können nach allen Richtungen ausgeführt werden. Wichtig ist, dass jede Beintechnik aus einer stabilen Position, also aus einer richtigen Stellung heraus, erfolgt. Das bedeutet, man sollte dabei nicht wackeln oder das Gleichgewicht verlieren.

Bei jedem Tritt spielt, je nach Technik, das Standbein eine ganz wichtige Rolle. Auch die Position, bzw. die Haltung des Oberkörpers, ist für die richtige Ausführung und Effektivität der Fußtechnik entscheidend. Erinnere dich an das Fundament des Hauses, bzw. an die Karategrundstellungen; je fester dein Stand, desto sicherer die Bewegung.

Drei Phasen:

Die Bewegung der Beintechnik lässt sich in 3 Phasen einteilen:

1. Anziehphase des Knies
2. Trittphase des Fußes (Richtung)
3. Zurückziehen und Absetzphase des Beines

In diesen 3 Phasen ist die richtige Verlagerung des Gleichgewichts wichtig!

Zwei Ausführungen – geschnappt oder gestoßen?

Wir unterscheiden bei den Beintechniken zwei Ausführungen.

Keage = geschnappte Bewegung
Das Bein wird sofort nach der Bewegung zurückgeschnappt. Je enger du den Unterschenkel wieder anziehst, desto stärker ist die Schnappbewegung. Die meisten Bein- oder Fußtechniken sind Schnappbewegungen.

Kekomi = gestoßene Bewegung
Das Bein wird im Ziel kurz gestoppt und der ganze Körper ist angespannt, bevor das Bein wieder zurückgezogen wird.

Wichtig: Bewusstes Absetzen

Bei allen Beintechniken ist es wichtig, dass das stoßende, bzw. schnappende Bein kontrolliert wieder zurückgezogen wird. Das Bein darf niemals nach dem Auftreffen am Zielpunkt direkt zurück auf den Boden »fallen«, sondern es muss bewusst zurückgezogen und abgesetzt werden. Hier ist dein Gleichgewichtsgefühl gefordert! Du hältst leichter das Gleichgewicht, wenn das tretende Bein kein Körpergewicht zu tragen hat. Somit ist eine kontrollierte Bewegung gewährleistet.

1. Bein-/Fußtechnik
Mae-geri (gerader Fußtritt nach vorne)

Merkmal:

Der Mae-geri ist ein sehr dynamischer Tritt, der wegen seiner Schnelligkeit in der Selbstverteidigung und auch im sportlichen Wettkampf eingesetzt werden kann. Der Tritt ist nach vorne gerichtet.
Die Trefferfläche ist der Fußballen.

Zielregion – Wie hoch hebe ich das Bein?

Das Bein »schnappt« nach vorne in die Höhe seiner Zielregion – unterer Kopfbereich (Jodan) oder Bauch (Chudan).

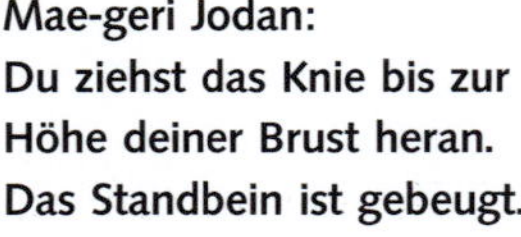

Mae-geri Jodan:
Du ziehst das Knie bis zur Höhe deiner Brust heran. Das Standbein ist gebeugt.

Mae-geri Chudan:
Du hältst Knie, bzw. Oberschenkel waagerecht.

Ausführung Mae-geri

Ausgangsstellung im Zenkutsu-dachi.
Deine Hände sind seitlich neben dem
Körper gespannt.

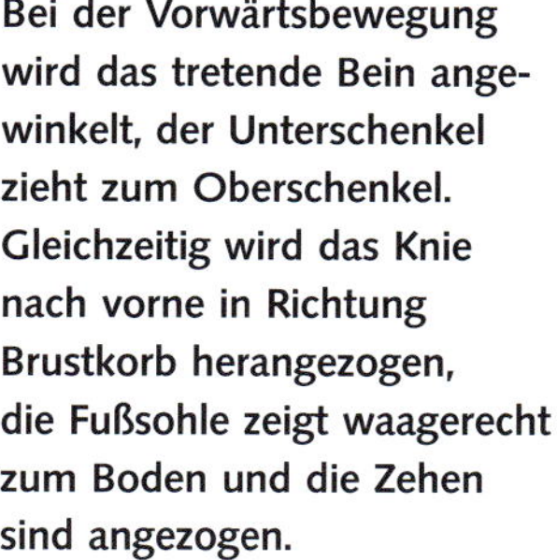

Bei der Vorwärtsbewegung
wird das tretende Bein ange-
winkelt, der Unterschenkel
zieht zum Oberschenkel.
Gleichzeitig wird das Knie
nach vorne in Richtung
Brustkorb herangezogen,
die Fußsohle zeigt waagerecht
zum Boden und die Zehen
sind angezogen.

Der Unterschenkel schnappt
in Richtung Ziel, wobei der
Fußballen im Ziel auftrifft.

Danach wird das Bein wieder
angezogen und kontrolliert
nach unten in die Stellung
Zenkutsu-dachi abgesetzt.

Beachte:

Standbein nicht zur Seite drehen, Hüfte gerade halten.

2. Bein-/Fußtechnik
Mawashi-geri (Halbkreisfußtritt)

Merkmal:

Bei dieser halbkreisförmigen Ausführung der Technik wird das Schnappen deines Knies und die Drehung der Hüfte gleichzeitig ausgeführt. Der Gegner wird mit dem Fußballen getroffen.

Zielregion:

Das Ziel ist der seitliche Kopf- oder Körperbereich.

Ausführung Mawashi-geri
Ausgangsstellung im Zenkutsu-dachi

Das Knie des tretenden Beines ziehst du seitlich neben dem Körper nach oben, so dass Ober- und Unterschenkel waagerecht sind. Fuß und Zehen ziehst du stark an.

Danach wird die Hüfte und der Oberkörper gedreht und der Unterschenkel schnappt ins Ziel. Mit dem Zurückschnappen des Unterschenkels wird die Hüfte mit dem Standbein zurückgedreht und der Fuß wieder im Zenkutsu-dachi abgesetzt.

Wie gehe ich?

Nachdem du wieder im Zenkutsu-dachi stehst,
wiederholt sich die Bewegung mit dem hinteren
Bein.

Beachte:

Bei der Körperdrehung bewegt sich das Standbein
mit. Den Oberkörper hältst du so aufrecht wie mög-
lich. Bei der Rückzugsbewegung des Beines schnappt
dein Unterschenkel zurück und die Hüfte zieht das
Bein und den gesamten Oberkörper in die Ausgangs-
position zurück. Das Bein wird wieder in die Stel-
lung Zenkutsu-dachi abgesetzt.

3. Bein-/Fußtechnik
Yoko-geri (Seitwärtsfußstoß)

Merkmal:
Die extreme Reichweite aus dem Stand, die hier erreicht werden kann, ist ein besonderes Merkmal des Yoko-geri.

Yoko-geri-kekomi (seitlich gestoßener Fußtritt)
Bei dieser Technik wird das Bein seitlich **gestoßen**.

Zielregion Chudan:
Getroffen wird hier mit der Fußkante als treffende Fläche.
Yoko-geri-kekomi (stoßen) – Chudan (Bauchbereich)

Die Fußkante wird seitwärts auf einer geraden Linie ins Ziel gestoßen, wobei das Knie eng vor dem Körper herangezogen wird. Die Füße sind parallel zum Boden. Zehen unbedingt anziehen!	In der Endphase, also kurz vor dem Auftreffen, wird die Hüfte mit in den Stoß einbezogen und das Standbein wird leicht nach außen gedreht, wobei es aber nicht ganz durchgestreckt sein darf.	Durch diese Bewegung und durch die kurzzeitige Anspannung des gesamten Körpers, erhält der Yoko-geri-kekomi beim Auftreffen sehr viel Kraft.

Yoko-geri-keage (seitlich geschnappter Fußtritt)

Bei dieser Technik wird das Bein seitlich **geschnappt**.

Zielregion Jodan:

Getroffen wird hier mit der Fußkante als treffende Fläche.

Yoko-geri-keage (schnappen) – Jodan (Kopfbereich)

Es ist wichtig, dass dein Bein seitlich vor dem Körper hochgezogen wird, damit eine Schnappbewegung überhaupt möglich ist. Deine Zehen sind fest angezogen, die Fußkante zeigt Richtung Boden.

Im Gegensatz zum Yoko-geri-kekomi schnappt das Bein (Unterschenkel) sofort nach dem Treffen wieder zurück,

d.h. deine Fußkante wird seitwärts mit einer Pendelbewegung ins Ziel geschnappt.

Die Ausgangsstellung ist Kiba-dachi.

Kiba-dachi

Das Bein, das heran-
gezogen wird, setzt
ganz knapp neben
dem Standbein auf.

Durch das Hochziehen deines
Beines entscheidest du, ob du
einen gestoßenen Yoko-geri
(Knie vor dem Körper) oder
einen geschnappten Yoko-geri
(Knie seitlich deines Körpers)
ausführst.
Während der gesamten Vor-
wärtsbewegung ist es wichtig,
dass sich der Körper immer
auf derselben Höhe befindet.

Beachte:

Das Standbein steht fest auf dem Boden.

Auch ist es wichtig, dass der Unterschenkel des
hochziehenden Beines nicht waagerecht ist, da an-
sonsten der Yoko-geri nicht genau ausgeführt wer-
den kann. Es könnte sein, dass sonst aus deinem
Yoko-geri ein Mawashi-geri wird.

Interessante Anmerkung:

Wenn wir die Grundschule (Kihon) trainieren, gehen wir immer mit dem linken Bein mit einer Abwehr, meist Gedan-barai, nach vorne, nicht nach hinten.

Warum mit einer Abwehr und warum gerade immer mit links, wirst du dich fragen?

Man beginnt das Grundschultraining deswegen mit einer Abwehr, um den friedlichen und zurückhaltenden Charakter des Karates zu demonstrieren. Übrigens beginnen auch alle Katas mit einer Abwehr, genau aus diesem Grund. Ja, und warum links nach vorn und nicht nach hinten? Auf der linken Seite befindet sich dein Herz. Mit deiner linken Seite gehst du nach vorn und zeigst »Herz, Mut und Selbstbewusstsein«, stellst dich der Aufgabe (deinem Gegner) und weichst nicht nach hinten zurück. Du schaffst es!

Übersicht: Bein-/Fußtechniken

Angriffstechniken	Bezeichnung	Angriffsstufe/Treffpunkt
Mae-geri	gerader Fußtritt nach vorne	Chudan, Jodan/Fußballen
Mawashi-geri	Halbkreis-Fußtritt	Chudan, Jodan/Fußballen
Yoko-geri-kekomi	seitlich gestoßener Fußtritt	Chudan/Fußaußenkante
Yoko-geri-keage	seitlich geschnappter Fußtritt	Jodan/Fußaußenkante

10. KAPITEL

Partnertraining – Kumite

»Karate-do wa rei-ni hajikari, rei-ni owaru koto-o«

**Karate-do beginnt mit Respekt und endet
mit Respekt**

Rei, der Gruß – Ehre, wem Ehre gebührt!

Verbeuge dich vor deinem Lehrer und Partner. Damit
zeigst du deine Anerkennung vor deinem Trainings-
partner. Und du freust dich sicherlich ebenso, wenn
dein Partner dir zeigt, dass er dich respektiert, oder?

Partnertraining – Kumite

Das Kumite ist eine Möglichkeit, die vielen Karate-
techniken mit einem Partner (nicht Gegner) zu
trainieren, um so Erfahrung in der Anwendung der
in der Grundschule erlernten Hand- und Beintech-
niken zu bekommen. Im Partnertraining bekommst
du das Gefühl für die richtige Distanz deiner Karate-
techniken.

In den Anfängen des Karates wurden hauptsächlich
die Katas trainiert. Gelegentlich wurde während die-
ser Zeit die Kraft von Tritten, Blocktechniken und
Schlägen getestet, meist in Selbstverteidigungssitua-
tionen. Es gab aber damals kein Kumite, wie wir es
heute kennen und anwenden.

Gichin Funakoshi dachte sich um 1920 ein System des Partnertrainings aus, welches sich nach und nach weiterentwickelte und bis zum heutigen Tag immer mehr verfeinert wurde. Bis hin zum freien Kampf, welcher heutzutage auch als Wettkampf mit strengen Regeln betrieben wird.

Das Kumite soll dem Schüler ein Gefühl für die richtige Distanz, für den richtigen Zeitpunkt des Angriffs und den optimalen Gegenangriff vermitteln. Strategie und Taktik werden genauso verlangt, wie Mut und Gelassenheit.

Oberstes Ziel ist es, deinen Partner nicht zu verletzen, das heißt, die schnelle und stark geschlagene Karatetechnik muss vor dem Ziel abgestoppt werden. Dies verlangt von dir ein hohes Maß an Körperbeherrschung und Verantwortung.

Dein erster Schritt zum grundschulmäßigen Partnertraining
Gohon Kumite (fünfmaliger Angriff)

Abstandsmessung:

Beim Partnertraining gibt es immer einen Angreifer und einen Verteidiger. Der Abstand ist so groß, dass du deinen Partner mit geradem, ausgestrecktem Arm gerade noch mit der Faust erreichen kannst. Dieses »Abstand messen« wird immer vom Angreifer durchgeführt. Der richtige Abstand beim Partnertraining ist sehr wichtig, da dein abwehrender Partner die Techniken sonst nicht richtig ausführen kann.

Vorbereitung für das Partnertraining.

Ist der richtige Abstand gefunden, ist beim Kommando **»Yoi«** folgendes zu beachten:

Der Angreifer bewegt das **rechte** Bein, der Verteidiger das **linke** Bein, somit bewegt ihr euch beide in die gleiche Richtung und steht euch genau schulterbreit gegenüber.

Ausgangsposition des Angreifers: Der Angreifer geht rechts in Stellung Zenkutsu-dachi zurück und macht links die Abwehr Gedan-barai: d.h. der linke Arm holt am rechten Ohr Schwung, der rechte Arm ist nach unten gestreckt und das rechte Bein geht im Zenkutsu-dachi zurück.

Gohon Kumite: (5-maliger Angriff)
Angriff mit Oi-zuki Jodan (obere Stufe) – Abwehr mit Age-uke

Der Angreifer sagt die Technik an: »Oi-zuki Jodan«. Der Verteidiger bestätigt dies mit »Oss« und bereitet die Abwehr Age-uke vor: Rechter Arm streckt sich nach oben, linke Faust ist an der Hüfte.

Der Angreifer geht in Zenkutsu-dachi mit Oi-zuki Jodan 5-mal (Gohon) nach vorne.

Der Verteidiger geht im selben Moment in der Stellung Zenkutsu-dachi (rechtes Bein) mit der Abwehrtechnik Age-uke 5-mal (Gohon) rückwärts.

3. Schritt

4. Schritt

5. Schritt

Die fünfte, also letzte, Technik des Angreifers (hier Oi-zuki-jodan) endet mit einem Kiai.

Gegenangriff im Stand

Nach der letzten Abwehrtechnik (hier Age-uke) endet die Bewegung des Verteidigers mit einem Gegenangriff (Gyaku-zuki) und mit einem Kiai. Linker Arm zurück an die Hüfte, rechter Arm Gyaku-zuki.

»Yame«

Die Stellung wird erst zurückgezogen, wenn der Sensei (Lehrer) »Yame« sagt, dann zieht der Angreifer das vordere Bein zurück und der Verteidiger das hintere Bein nach vorne. Somit haben wir den gleichen Abstand und die gleiche Stellung, wie zu Beginn. Das Partnertraining endet mit einer kurzen Verbeugung.

Gohon Kumite: (5-maliger Angriff/Abwehr)
Angriff mit Oi-zuki Chudan (mittlere Stufe) – Abwehr mit Soto-uke

Gleiche Ausgangsposition wie bei Angriff Oi-zuki Jodan, d.h.
Abstand nehmen, »Yoi« und der Angreifer geht rechts zurück
mit Gedan-barai.

1. Schritt

2. Schritt

Der Angreifer sagt die Technik
an: »Oi-zuki Chudan«
Der Verteidiger bestätigt dies
mit »Oss« und bereitet die
Abwehr Soto-uke vor: Rechter
Arm streckt sich nach vorne,
linker Arm angewinkelt im
rechten Winkel neben dem
Körper.

Der Angreifer geht in Zenkut-
su-dachi mit Oi-zuki Chudan
5-mal (Gohon) nach vorne.

Der Verteidiger geht im selben
Moment mit der Stellung Zen-
kutsu-dachi rückwärts (rechtes
Bein) mit der Abwehrtechnik
Soto-uke, 5-mal (Gohon).

3. Schritt

4. Schritt

5. Schritt

Die fünfte, also letzte Technik des Angreifers (hier Oi-zuki-Chudan) endet mit einem Kiai.

Gegenangriff im Stand

Nach der letzten Abwehrtechnik (hier Age-uke) endet die Bewegung des Verteidigers mit einem Gegenangriff (Gyaku-zuki) und einem Kiai. Linker Arm zurück an die Hüfte, rechter Arm Gyaku-zuki.

»Yame«

Die Stellung wird erst zurückgezogen, wenn der Sensei (Lehrer) »Yame« sagt, dann zieht der Angreifer das vordere Bein zurück und der Verteidiger das hintere Bein nach vorne. Somit haben wir den gleichen Abstand und die gleiche Stellung wie zu Beginn. Das Partnertraining endet mit einer kurzen Verbeugung.

Beachte:
Der Angreifer sollte seinen Fuß innen am Fuß des
Verteidigers absetzen.

Es ist wichtig, dass du als Angreifer darauf achtest,
dass du die angesagte Zielregion genau triffst, ent-
weder mit Jodan (Kopfbereich) oder Chudan (Bauch-
bereich). Nur so kann dein Partner die Abwehrbewe-
gung genau und richtig ausführen.

Gerade am Anfang ist es einfacher, langsam anzu-
greifen, damit du deinem Partner genügend Zeit zum
Überlegen und dem richtigen Ausholen der Abwehr-
bewegung lässt.
Dabei ist es sehr wichtig, dass du als Verteidiger
immer im richtigen Moment abwehrst, also nicht
zu früh und nicht zu spät. Das richtige Timing (Zeit-
punkt) ist bei der Abwehr wichtig.
Somit ist das Partnertraining auch eine Schulung für
das Auge. Gerade ein gut trainiertes Auge hilft uns,
bei der Selbstverteidigung Angriffe richtig einschät-
zen zu können und richtig und angemessen zu rea-
gieren.

Verhalte dich gegenüber deinem Partner immer fair
und rücksichtsvoll, ganz besonders beim Partner-
training. Schließlich wollt ihr beide etwas erreichen
und lernen.

Andere Kumiteformen

In der vorher beschriebenen Kumite-Form Gohon
Kumite (fünfmaliger Angriff) oder in anderen Part-
nerübungsformen, wie z. B. Kihon-Ippon-Kumite (ein-
maliger Angriff) oder Kaeshi-Ippon Kumite (erwider-
ter Angriff), stehen sich die Partner immer in
derselben Distanz für Angriff und Verteidigung, wie
in der Karategrundschule, gegenüber. Es handelt sich
hier um ganz fest vorgeschriebene Übungsformen
mit ebenso fest vorgegebenen Regeln. Mit diesen fest-
geschriebenen, standardisierten Formen sollen dem
Anfänger die Prinzipien des Kumite (Partnertrai-
ning) näher gebracht werden.

Die in den Anfängen sehr genau vorgeschriebenen
Angriffs- und Abwehrtechniken können später in
zahlreichen Kombinationen zusammengestellt und
verändert werden und so in verschiedener Weise
trainiert werden.

Jiyu-Ippon-Kumite (Halbfreier Kampf)

Obwohl hier auch die gleichen Techniken wie beim
grundschulmäßigen Kumite verwendet werden,
nähert sich diese fortgeschrittene Form des Kumite
schon dem freien Kampf.
Der Angreifer und der Verteidiger nehmen eine

lockere Freikampfhaltung an und bewegen sich.
Der Angreifer muss die richtige Distanz und eine
Deckungslücke des Verteidigers finden, bevor er
seinen Angriff ansatzlos startet. Der Verteidiger
muss den Angriff im richtigen Moment abwehren
oder auch ausweichen und dann sofort den Gegen-
angriff ausführen.
Gerade hier können Angriffs- und Abwehrtechniken
in verschiedenen Variationen trainiert werden.

Jiyu-Kumite (Freier Kampf)

Dies ist die völlig freie Form des Partnertrainings,
der freie Kampf. Hier gibt es keine festgelegten
Angriffs- und Abwehrtechniken.

Die Regeln des Jiyu-Kumite verbieten jede Aktion,
die den Partner verletzen könnte.

Der freie Kampf erfordert von dir eine sehr gute
Beherrschung der Hand- und Beintechniken.

Diese Körperbeherrschung bekommst du nur mit
längerem und intensivem Grundschul- und Kata-
training, deshalb sollte nie zu früh mit dem Jiyu-
Kumite begonnen werden.

Fachbegriffe

Age	aufsteigend
Age-uke	Abwehr nach oben
Bunkai	Zersetzung, Auseinander-nehmen (das Üben von einzelnen Katateilen mit dem Partner)
Chudan	mittlere Stufe
Choku-zuki	gerader Fauststoß im Stehen
Dachi	Stellung
Dan	Meistergrad
Do	Weg
Dojo	Übungsraum
Gedan	untere Stufe
Gedan-barai	Abwehr nach unten
Gohon-kumite	Fünfschrittkampf
Gyaku-zuki	seitenverkehrter (entgegen-gesetzter) Fauststoß
Hachiji-dachi	Füße leicht nach außen, schulterbreit
Hajime	Los geht's
Heiko-dachi	Parallelstellung (schulterbreit)
Heisoku-dachi	geschlossene Fußstellung, Füße parallel
Hikite	zurückziehende Hand
Jiyu-ippon kumite	Halbfreier Kampf
Jiyu kumite	Freikampf
Jodan	obere Stufe

Kaeshi-ippon kumite	Erwidernder Einschritt-kampf – Der Abwehrende geht zum Angreifer über und zwingt so den Angreifer in die verteidigende Position
Karateka	Karate-Betreibender
Kata	Form
Keage	Schnapptritt
Kekomi	Stoßtritt
Kiai	Kampfschrei
Kiba-dachi	Seitwärtsstellung (Reiterstellung)
Kihon	Grundschule
Kihon-ippon kumite	grundschulmäßig aus-geführter Einschrittkampf
Kime	Körperspannung
Kohai	Schüler
Kokutsu-dachi	Rückwärtsstellung
Kumite	Partnertraining
Kyu	Schülergrad
Mae	vorwärts
Mae-geri	gerader Fußtritt nach vorne
Mawashi-geri	Halbkreisfußtritt
Mawatte	Wendung
Mokuzo	Augen schließen
Mokuzo yame	Augen auf
Morote-uke	beidhändig, verstärkte Unterarmabwehr

Musubi-dachi	offene Fußstellung, Fersen zusammen
Oi-zuki	gerader Fauststoß
Oss	Danke, Bitte, habe verstanden
Rei	der Gruß
Sanbon-kumite	Dreischrittkampf
Sensei	Lehrer
Sensei ni rei	Gruß zum Lehrer
Shizentai	natürliche Körperhaltung
Shuto-uke	Handkantenabwehr
Soto	außen
Soto-uke	Abwehr zur Mitte (von außen nach innen)
Uchi	innen
Uchi-uke	Abwehr zur Mitte (von innen nach außen)
Uke	Abwehr (Block)
Ushiro	rückwärts
Yame	Stopp
Yoi	Achtung (Vorbereitung)
Yoko	seitlich
Yoko-geri	Seitwärtsfußtritt
Zenkutsu-dachi	Vorwärtsstellung
Zuki	Fauststoß

11. KAPITEL

Den Karategürtel richtig binden

Wie binde ich den Gürtel richtig?
Klingt kompliziert, ist es aber nicht!

Eine Schritt für Schritt-Anleitung:

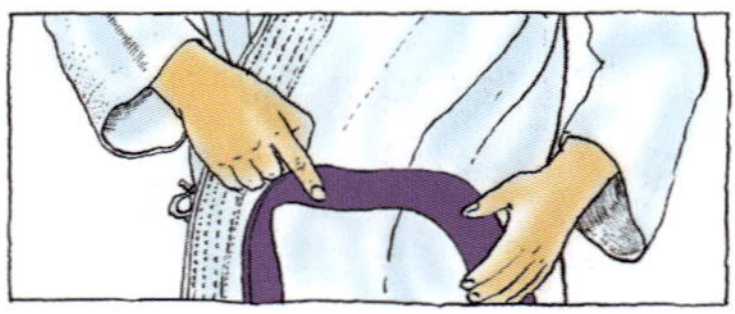

Suche die Mitte des Gürtels
und halte sie vorne auf
dem Bauch fest.

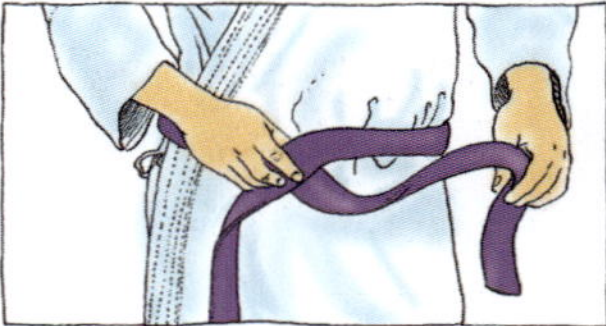

Nun wickelst du ein(!) Ende
einmal um den Körper.
Das lange Ende legst du jetzt
auf das kurze Ende des Gürtels.

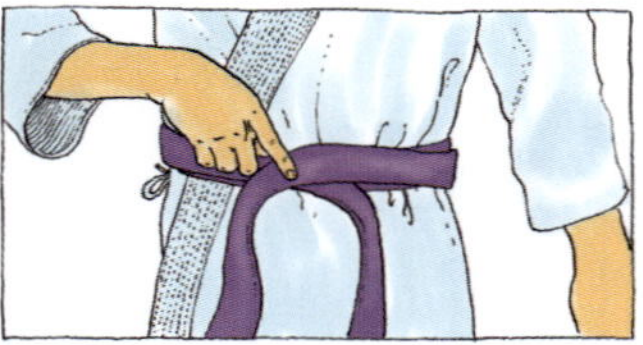

Jetzt ist das lange Ende
an der Reihe. Du wickelst
es nun ebenfalls um den
Körper.

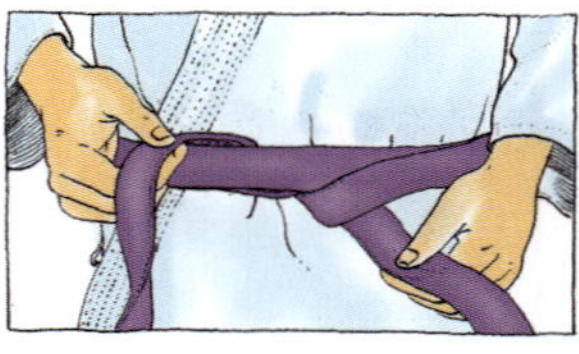

Dieses Ende ziehst du dann
von unten her unter den
beiden Gürtellagen nach
oben durch. Nun ziehst du
den Gürtel fest, so stramm
wie du es möchtest.

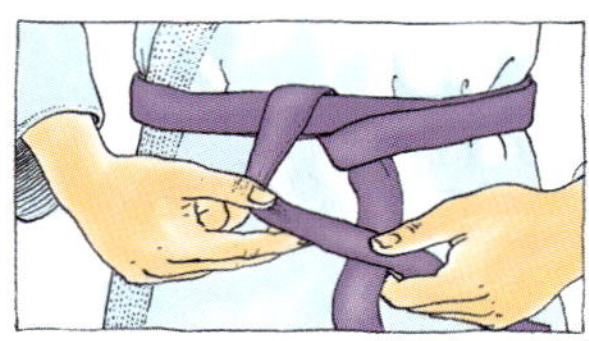

Anschließend drehst du das
obere Ende nach außen
und legst es auf das untere
Gürtelende.

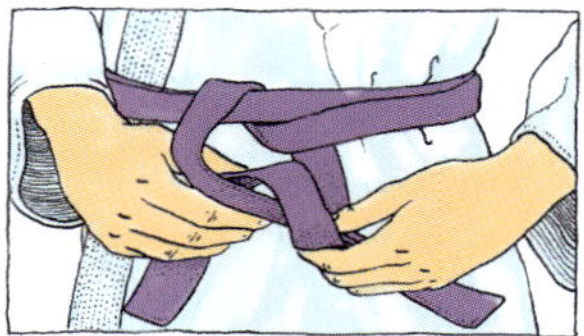

Das untere Gürtelende wird
nun durch die entstandene
Öse gezogen.

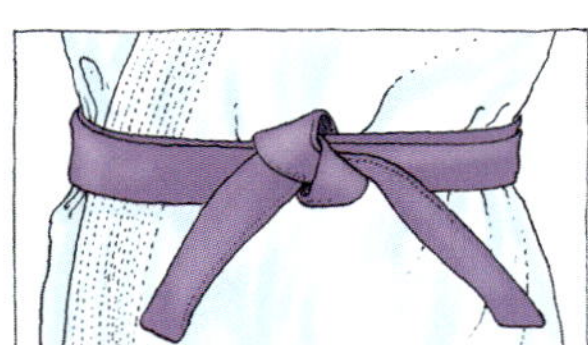

Festziehen… Fertig!
Vorsicht! Pass auf, dass der
Gürtel während des Bindens
nicht verdreht wird.

Nachwort – Danke

*Es gibt Karate-Bücher wie Sand am Meer. Es gibt die
Klassiker der alten Meister, Bücher über modernes
Sportkarate und alle Abstufungen dazwischen. Viele
davon sind Juwelen für den Karate-Begeisterten.*

*Was ich aber immer vermisst habe, ist ein Lehrbuch
speziell für Kinder. Kinder tragen den Karate-Gedanken
in die Zukunft und deshalb haben sie ein Buch verdient,
das sie auf kindgemäße Weise begeistert und informiert.
Aber dies gilt auch für erwachsene Einsteiger und Fort-
geschrittene, die sich für diese faszinierende Kampf-
kunst interessieren. Ich hoffe, es ist mir gelungen, die
doch komplexen Karatebewegungen interessant und ver-
ständlich zu erklären. Für Anregungen bin ich jederzeit
dankbar.*